RIZIN CEO
榊原 信行

負ける勇気を持って勝ちに行け!

雷神の言霊

KADOKAWA

FEDERATION
何故、闘うのか

何故、勝ちたいのか

何を見ているのか

何を見せたいのか

はじめに

２０１５年10月８日、私はＲＩＺＩＮ《ライジン》設立会見に臨んだ。

日本の総合格闘技人気の火付け役を担ったＰＲＩＤＥ《プライド》を断腸の思いで手放した後、実に８年ぶりに格闘技の世界へと足を踏み入れることとなった。

ＲＩＺＩＮは、世界中に数多《あまた》ある団体と競合するのではなく、競技会を開催・運営する協会（フェデレーション）である。団体の垣根を越えたマッチメイクを実現することを一つの理念としており、国内外におけるメジャー団体のチャンピオンや、世界的トップスターの参戦を実現させてきた。正統派からキワモノまで、格闘技ファンはもちろん、そうでない方々の興味をそそり、「これは見たい」と思ってもらえるようなマッチメイクに心を砕《くだ》いてきた。

なかでも、「ＴＨＥ《ザ》 ＭＡＴＣＨ《マッチ》 ２０２２」の那須川天心《なすかわてんしん》対武尊《たける》は、格闘技ファンの多くが最も期待した一戦といっていいだろう。

対戦が浮上した２０１５年から、足かけ８年。ＲＩＺＩＮにとっても、ＲＩＳＥ《ライズ》のチャンピオンとＫ-１《ケイワン》のチャンピオンがリング上で相《あい》まみえる場を、両団体とともにつくり上げることができたのは、時代を動かす大きな一歩となった。

その反響は想像以上のもので、**当日の観客動員数は約6万人。ＰＰＶ《ペイパービュー》のチケット販売数は50万件を超え、総売り上げは50億円を超えた。**

本書はＲＩＺＩＮのＣＥＯ《シーイーオー》である私が、日頃から大切にしていること、考えていることなどをまとめた、私にとって初の著書である。

ＰＲＩＤＥ時代から現在のＲＩＺＩＮに至るまで、その節目節目でどのようなことが起こり、それにどう対応してきたのか、その刹那《せつな》刹那《せつな》で自分を支えた言葉や考え方を抽出し、可能な限り率直に記した。格闘技ファンの皆さんには、そうした舞台裏の真実を知る一冊としても、純粋に楽しんでいただけるのではないかと思っている。

一方で、格闘技には興味はないがエンターテインメントやスポーツ中継、ショービジネスに興味があったり、自身の仕事に役立てたいと思っている方にも、本書を手に取っていただけたら嬉しい。

ＲＩＺＩＮが現在に至るまでには、しんどいことも沢山あった。本書には書けないような辛いこともあったし、眠れない日々もあった。

それでもその局面を乗り切るために、私は「どうしようか」と思いを巡らせて、嫌というほど考えガムシャラに行動したし、いろいろな人にも照れずに会いに行った。そして、自分なりに答えを見出してきた。

そうした思考の一端《いったん》に、共感していただける部分があるかもしれないし、あなたの思考や行動のヒントになることもあるかもしれない。あるいは反面教師にしてもらってもいい。

本書を読んでどのように感じるのかは人それぞれだが、願わくは、ちょっとしたことでもいいから、思考を変えるキッカケになれば、と思っている。

誰にでもやりたいことの一つや二つ、あるはずだ。けれども、それを実現するための一歩が踏み出せない人がいる。そもそも何をしたらいいのか分からない、という人もいるだろう。でも、「無理だ」と思ったら何でもそこで試合終了だ。

もちろんそれが罪になるようなことは論外だが、そうでなければ、やってはいけないことなんかないし、やれないこともない。決して簡単なことではないけれど、一歩を踏み出すこと、行動を起こすことが、すべてのはじまりとなる。

「俺は駄目だ」「私にはできない」と、やる前からそう思ってしまう人は案外多いもの。でも、動く前からあまりマイナスに考えず、とにかく無茶すればいい。やりたいと思うことにチャレンジすれば良い。特に20代なんて、無茶苦茶《むちゃくちゃ》でいいと思っている。

あまり後先を考えすぎずに、やってみることが大事。そうすることで、見えてくるものが必ずあるはずだ。

PRIDEやRIZINをつくり上げることができたのは、私に何か特別な才能があったからではなく、周りから無謀と言われようと気にしなかったからだろう。

プロモーターとして私が師と仰ぐアントニオ猪木《いのき》さんも言っていた。

踏み出せば、その一足が道となる。だから、迷わず行けよ――と。

迷っていることや悩んでいることがある時こそ、恐れることなくはじめの一歩を踏み出してほしい。

目次

制作協力／笹原圭一、中野寛子、齊藤泰博、矢吹由佳、竹内良平、恒川正広、
西川佳吾、佐藤志穂、渡辺美桜［RIZIN FIGHTING FEDERATION］

装丁／森敬太［飛ぶ教室］

写真／宮澤正明、保高幸子、©RIZIN FF

DTP／ニッタプリントサービス

校閲／麦秋アートセンター

プロデュース／Kaori Oguri［O's Produce］

編集／森永祐子、佐々木健太朗［KADOKAWA］

負ける勇気を持って
勝ちに行け

（第1章）

新たな価値観を創造しろ

〝諦めが悪い〟は一番の長所

大学卒業を控えて就職活動をしている時、私はテレビ局の事業部を志望していた。当時は、テレビ局がイベントを主催することに積極的で、私もそういう〝お祭り〟をつくることができたら、と漠然と考えていたのだ。

人間が人間である以上、五感で感じるライブイベントは絶対になくならないはずだと、テレビ局の最終面接でも熱心に主張していた記憶がある。

今の時代、テレビはインターネットに取って代わられたが、「**映像で伝えることはできるけれど、現場にある熱や匂いといったものは、現地に足を運び、五感で感じるものなのだ**」という当時の青臭《あおくさ》い主張は今も間違っていないと思っている。

私の長所を一つ挙げるとしたら、諦めが悪いところだろう。普通の人なら匙《さじ》を投げるような局面でも、「自分の思い描いていることを実現させる」という目標のためであれば何度でも立ち向かって行く。

そして、自分のつくったものを実現させるためなら、私はどれだけでも営業に行くし、むしろ営業がしたくて仕方がない。**立場が変わろうと、役割が変わろうと、根っこはどこまでいっても営業マン**なのである。

頭を下げてお金を集めたり、売り上げのノルマに追われたりすることを嫌がる人は多いが、自分がつくりだしたいものは、自分以外の誰かが営業するよりも自分自身で思いを直接伝えることこそ最も効果がある。説得力のある説明ができるからだ。

事業にはお金がかかる。それを形にするために、まずはどのように会社へ説明して社内稟議《りんぎ》を通してもらうのか、そしてどうすれば、スポンサーがメリットを感じて、お金を出してくれるのか、ということばかり考えていた。

自ら営業に行き、その人に思いを伝える。そうすることでいろいろなものが動き出して、小さなものでも一つずつ形になっていく。そこに、心の底からやりがいや生きがいを感じるのだ。

テレビ局が主催する事業は、外部のイベント会社が動かしていて、テレビ局は名義を貸しているだけ、というケースも多い。

そういうイベントを担当することもあり、一応会場には顔を出すのだが、実際には何もやっていないというのが嫌で仕方なかった。新入社員の頃はそんな仕事ばかりで、会社の看板で給料をもらっていることに対して全く面白みを感じていなかった。

もちろんどんな形であれ、現場で教えてもらうことは沢山あったが、やっぱりつまらない。だから、自分でいろいろな企画を立ててそれを事業やイベントにするために右往左往《うおうさおう》していた。

様々な仕掛けを施《ほどこ》し、誰かが喜んだり、感動したりする姿を目《ま》の当たりにすることで、次第に主催者として満足感を得ることを覚えた。

すると、もっと大きなことがやりたくなる。先輩が手がけていたものをただ受け継いでやるだけではなく、**ゼロから1を生み出すことにチャレンジしたくなる**のだ。

そしてそのためなら、企画立案もするし、営業もするし、現場で走り回ることも厭《いと》わない。

そうしてだんだん自分が機能するようになり、やりたいことが少しずつやれるようになっていった時には、大きな喜びを感じた。

無理だと思ったら本当に無理になってしまうが、**諦めさえしなければ、時間がかかろうと多少形が変わろうと、必ず実現することができる**と私は信じている。

大切なのは、大きな夢や目標に向けた、1年先、2年先を見据《みす》えた〝種まき〟を忘れないこと。そして目の前のこともきちんとやる。そのバランスだと思っている。

どうしても日々の仕事に追われて、時間や体力を奪われてしまうこともある。けれども、上手くやりくりして、将来的にやりたいことにも目を向けるのだ。

例えば今の私なら、来年の大会に向けた選手との交渉や、今後出てきてほしい選手像に考えを巡らせること、そのための人脈づくりといったことは、すでに仕掛けを始めている。

もちろん、目の前のタスクもこなしている。ただ、プロモーターとしての私の一番の役割は、**先を見据えた仕込みをしておく**ことと考えると、どちらかといえば私の思考はそちらに向くことのほうが多いといえるかもしれない。

「何が売れるか」嗅覚《きゅうかく》を研《と》ぎ澄《す》ませ

私はもともと格闘技が好きだったわけではない。

子どもの頃にはテレビでプロレスやボクシング、キックボクシングを見ていたが、熱狂的に追いかけるほどではなかった。

社会人になって初めてK-1を見た時には、リング上で起こるKO劇が衝撃的で迫力もあり、それまで触れてきた格闘技やプロレスにはないリアルさと新鮮さを感じた。

だが、それでも「もう少し何かが足りない」という思いがあった。**殴る、蹴るだけではなく、もっといろいろなことをすればいいのに**——漠然とそう感じていたのだ。

その後、K-1の名古屋大会を自主興行することになり、石井和義《いしいかずよし》館長にご縁をいただき、1994年頃から格闘技の興行に関わるようになった。

当時から、格闘技は大きな可能性を秘めていると感じていた。例えばスポンサーセールス。広告媒体物として手のついていないものが沢山あり、「**これはお金に変わる**」**という予感**があった。

リングマットに広告を入れてもいいことを知り、名古屋にK-1を持ってきた当初は、リングマットに東海3県を中心に展開しているデリバリーピザチェーン「アオキーズ・ピザ」の絵を描いたり、コーナーポストにかつて名古屋に本社のあった時計の量販店「ウォッチマン」の広告を入れたりした。

もちろん、競技としての魅力もある。格闘技は1対1の戦いなので、見る人にとって分かりやすく、選手の表情が見えやすい。

一方、サッカーをはじめとしたチームスポーツの場合、特定の選手を追いかけるのではなく、全体を俯瞰《ふかん》しないことには本当の面白さが伝わりにくい。しかし、俯瞰した映像だと選手たちの表情は見づらい。そういう点で**格闘技はテレビ向き**だと思った。

けれども当時、格闘技界の人たちは、放映権を売るという感覚を持っていなかった。

興行主《こうぎょうぬし》であるK-1に対して、私たちは営業権料を支払うわけだが、そのなかで彼らに渡していたのはビデオグラム化権。K-1は、撮影した大会映像をビデオにして売るというビジネスは進めていたものの、それをテレビのコンテンツにするということまでは、まだこの時点ではあまり理解していなかったようだ。

もともとK-1は、フジサンケイグループがゴールデンウィークに主催していたイベント「LIVE UFO」の興行の一つとして始まった。第1回大会となる「K-1 GRAND PRIX '93〜10万ドル争奪格闘技世界最強トーナメント〜」が国立代々木競技場第一体育館で行われたのは、1993年のこと。私は直接その大会を見ていなかったが、テレビ業界や芸能界では大きな話題となった。

その後、愛知県知多郡美浜町で毎年夏に開催している「美浜海遊祭《みはまかいゆうさい》」に、T-BACKSというセクシーアイドルグループに出演してもらうことになったのだが、そのマネージャーが無類の格闘技好きだった。現場で、彼の持参したK-1のVHSをみんなで見て、「これは面白いね」と話していると、「一度、会場へ見に行こう!」と誘われ、1994年3月に日本武道館で行われた大会に足を運んだ。

また、美浜海遊祭に出演してもらったT-BACKSが、大阪のテレビ番組で空手家の角田信朗《かくだのぶあき》さんと共演しているということで、角田さんを通じて石井館長にお会いし、またもや「見においでよ」となり、その年の年末には、トントン拍子に名古屋レインボーホール（現・日本ガイシホール）で大会を開催するという流れになった。

私は、これをテレビ番組にしようと考えた。つまり、深夜番組として名古屋大会の模様を放送することにより、事業協賛とCMの提供をセットにして売ることができれば、マネタイズ（収益事業化）できるという直感があったからだ。

実は、**最初に地上波でK-1を放送したのは、キー局のフジテレビではなく、東海テレビ**なのである。

次第にその形が定着して行くと、東京大会や、注目のカードが組まれた試合についてはフジテレビが放送するようになるなど、**格闘技の地上波放送は名古屋のローカル放送から東京の全国放送へと進化**していった。

当時、私たちがイベントをつくる時というのは、最終的にはテレビに出すことが一つのゴールだった。常日頃からそういうことにアンテナを張り、**どうすればスポンサーにメリットがあるのか、どうすれば収益が上がるのか**を考えていた。格闘技というコンテンツがテレビ向きだと思ったのも、そういう視点を持っていたからだと思う。

真剣勝負の先に笑いが生まれる

「THE MATCH 2022」のメインイベントに据えた、那須川天心対武尊の交渉の過程で、**「ノーコメントおじさん」は生まれた。**

実現すれば、世紀の一戦といっても過言ではない夢のカード。自らを〝ノーコメントおじさん〟と呼んだのは、試合開催をなかなか発表できずにいる状況を、マスコミに否定的に報じてもらわないようにするための策でもあった。

「今日こそ何か発表するんだろうな」という緊張感に包まれた会見の場を、少しでも和やかにするには、置かれた状況を逆手にとって笑いに変えるしかないと思った。

ネット記事に、「榊原は今日もノーコメント」と書かれるのと、「ノーコメントおじさん、何も語らず」と書かれるのとでは、受け取る側のイメージも違うはずだ。

この一件に限らず、**どんなにしんどくても、上に立つ人間はニコニコしていたほうが良い**と常に思っている。

きっと、ほかの様々な企業のトップも同じように考えているのではないだろうか。

難しくもない話を小難しく説明したり、あるいは、聞かれても答えられないことに終始無言を貫いたりして、それを渋い表情で受け取られるよりは、笑いに変えたほうが良い。

私たちは、格闘技で単に泣かせたいと思っているのではない。

大会が行われる数時間の空間のなかに、喜怒哀楽のすべてを持ち込みたいと思っている。そのなかでも、格闘技に笑いを持ち込めたら最強だ。

ただ、笑いを引き出すというのは、ハードルも高い。

笑いを起こすという点で見れば、２０１８年「ＲＩＺＩＮ．13」で行った大《おお》砂《すな》嵐《あらし》金《きん》太郎《たろう》対ボブ・サップは完璧だったといっていい。ファンが選ぶＲＩＺＩＮベストバウト（２０１５－２０１９）でも4位にランクインしている。

それから、「ＲＩＺＩＮ．14」で、〝世界最強の女柔術家〟ギャビ・ガルシアが勝ち名乗りを上げたリングに乱入した神取忍《かんどりしのぶ》。過去に二度も試合を組みながら、実現に至らなかった幻の対戦を要求する姿は、会場に大きな盛り上がりをもたらした。彼女のプロ魂には、ただただ脱帽した。梅野源治《うめのげんじ》の「ＹＡＶＡＹ《やばい》だろ」もそうだろう。真剣勝負だからこそ生まれる笑いは、ＲＩＺＩＮの世界観を広げる、重要なピースだ。

社員が何百人、何千人といる会社なら話は別だが、ＲＩＺＩＮは社員20人ほどの会社だ。だからこそ、**社長である私が最大の営業マンであり、そして宣伝マンでなければならない**と思っている。

その点では、自身のセルフブランディングについても考える必要がある。

私のパブリックイメージというと、「怖い人」「恐ろしい人」という声が圧倒的に多い。実際にはそんなことはないと思っているのだが、「表面上はすごくフレンドリーなのに、内心では何を考えているか分からない」なんて言われることもある。

この自著で大いに反論したいが、また怒っていると言われそうなのでやめておく。

冒頭のノーコメントおじさんもそうだが、**相手の意表を突くようなアプローチや、意外な一面をのぞかせることで、印象が変わる**ことはある。

２０２２年のエイプリルフールには、ＲＩＺＩＮの公式Ｔｗｉｔｔｅｒに、何かの折に撮影していた、上半身裸にオープンフィンガーグローブ姿でファイティングポーズを取った私の画像がアップされた。

「地獄のプロモーター榊原信行、ついに参戦決定!!」という文字が躍り、合成なし、対戦相手募集、ラスボス降臨のハッシュタグがつけられたツイートには、様々な反応が寄せられた。

　会社の代表がこんなことをする必要はない、という意見もあったが、こういう馬鹿馬鹿しいことをするのは嫌いではない。むしろ、立場に縛られずに馬鹿なことをやるのは必要なことだと思っている。

自ら表に出て立ち回っているが、本来はナンバー2向きだと思う。

　私自身はキャスティングボードを握って、様々な調整事に奔走《ほんそう》し、表には別の人が立って表現してくれるのが理想。本当ならPRIDE時代も、そういうポジションに就《つ》くつもりでいた。

2022年のエイプリルフールに、
RIZIN公式Twitterに投稿された写真。

男同士の約束を果たす為《ため》に

1997年10月11日。「PRIDE.1」が開催された。

当初、PRIDEは一回やれば十分だと考えていた。実現にこぎつけた髙田延彦《たかだのぶひこ》対ヒクソン・グレイシーの一戦は大きな注目を集めたものの、私の個人的な評価としては、最悪だった。

チケットはもっと売れ、地上波で放送されて、髙田さんがヒクソンに勝つ、というのが、私のなかでの成功イメージだった。しかし結果は全く逆で、大会後は穴があったら入りたいくらいの恥ずかしさで「自分は何てことをしてしまったんだ」と茫然自失《ぼうぜんじしつ》していた。

PRIDE.1の時は、私自身に経験値が全く足りていない状態ながら、**自らリスクを背負って興行を打った。それもゼロから1をつくりだした**わけだから、自分の想像していた目標やイメージとはほど遠かったのも当然と言えば当然だ。

今と比べると、当時は格闘技のコンテンツをつくってビジネスにするということに対して、幼稚な知識や経験しかないにもかかわらず、無茶をしていたこともあり、これをビジネスとして長く続けていくという感覚はなかった。東京ドームで1回限りの大会を開催することで、いくらか利益が出ればいい。そのくらいに思っていたのだ。

ところが、そんな私の評価と落胆《らくたん》とは裏腹に、終わってからの反響は想像以上にすごかった。周囲からは「ぜひもう1回やってほしい」と言われ、ビジネス的視点で物事を捉《とら》えている人たちからも、「こんなにすごいことになっているんだから、次もやるべきだよ」と背中を押された。そして何より、数字がすべてを物語っていた。

パーフェクTV!(現・スカパー!)に30万人しか加入していない時代に、**PPVのチケット販売数は3万件を超えた。**PPVという言葉すら浸透していなかったにもかかわらず、である。また、メディアファクトリー(現・KADOKAWA)から発売した、**1万円のVHSは1万本以上売れた。**

こうなると、いろいろな人にお世話になって実現させたからには、第2回大会をやらないわけにはいかなかった。K-1やF1と同様、「ナンバーワン」のつもりでつけたPRIDE.1の「1」は、「第1回」という意味に取って代わられ、結果としては通し番号が入るナンバーシリーズとして続くこととなった。

自分のなかの評価は最悪なのに、周りからの評価は高いというズレが起こることは、決して珍しいことではない。今でこそSNSの普及のおかげで、誰もが日々起きていることを情報として吸い上げやすくなっているが、**熱が届くまでには時間がかかる**。

2015年にRIZINの第1回大会を開催した時も、その日のうちに反響や評価がドカンとくるということにはならなかった。けれども、「こういうことが起きたらいいな」と思っていることを**腐《くさ》らずに続けていくことで、半年後、1年後にようやくマーケットが追いついてくる**のだ。

例えばトレーラーをつくって1回配信することで、自分たちは告知したつもりでいるが、世の中には見過ごしている人ももちろんいる。だから、すでに一度アップしたものでも、しつこく2回、3回とアップすべきだと私は思っている。

反響や評価についても、それと似ているところがある。その時の評価が、RIZI

Nのすべてであり、この先ずっと変わらないということでは必ずしもなくて、良い評価も悪い評価も少しの風向きで変わっていく。

今のRIZINの人気は絶頂期にあるのか。それとも、まだ先にあるのか。あるいは、お客さんが今、何を求めているのかをつぶさに感じ取らなければならない。けれどもそこは、マグマの中心にいる私たちには、実はよく分からないというのが実際だ。それでも、何となくこうなるだろうな、ということを予見できる実績や経験は、少しずつながら積めているのではないかと思う。

これがウケるかどうか、そもそも情報が届いているのかどうかも、結局はコミュニケーションの受け手側の問題が関係してくる。私たちは届けるつもりで発信しているけれど、昔投げていたものが今になってようやく届いていることもある。

そこの**スピード感や、熱量が伝わるまでのタイムラグを、これまでの経験や感覚を頼りに、上手くつかみ取っていくことが、常にヒットコンテンツを生み出すための秘《ひ》訣《けつ》**だ。加えて、少しずつみんなのことをいい意味で裏切りながら、コンテンツをつくっていけるかどうかがカギを握っている。

勝敗だけで価値は決まらない

イベントの成功には、サプライズが欠かせない。だから、みんなを良い意味で裏切ることが起こる確率を高めるような努力は常にしている。

高いお金を払い、貴重な時間を費やして会場に足を運んでくれた人たちが、「来て良かった」「面白かった」と言ってくれるかどうか。それには後味の良さが関係している。終わりよければ、すべてよし。**ピークエンドの法則**だ。

格闘技でいうならばセミファイナルやメインの試合を任せた選手たちが、どのように締めくくるのかにかかっているといっていい。たとえ、前半にダラダラとした試合が続いたとしても、最後の最後に負のエネルギーをプラスに変えられさえすれば、今日はいい一日だったと、好印象を抱いて帰ってもらうことができる。

その確率をどうすれば高められるか。プロの格闘家、特にメインイベンターに求められるのは、そういうことなのだと思う。それをきちんと表現できる人こそが、スーパースターになっていくのだ。

RIZINの試合順は、基本的には私と広報事業部長の笹原圭一《ささはらけいいち》の二人で決めているが、メインを張れる選手というのは、決して多くない。そのため、おのずと「今回のメインは彼に任せよう」というのは決まってくる。

ただし、PRIDEの時代も、そしてRIZINでも、実力ナンバーワンの選手が必ずメインを張るわけではない。大会を見に来てくれた人たちに、格闘技のダイナミズムを、喜怒哀楽を享受《きょうじゅ》して帰ってもらうのにふさわしい人を選んでいる。

それらを与えられるファイターの条件とは、まず勝敗だけに固執していないこと。特に日本人の場合は、**負けの美学**というのか、**散り際の美しさ**を理解できる感性があるから、常にアグレッシブに攻める姿勢を見せられることが重要。**大事なのは結果ではなく、いかに勝つのか、あるいはいかに負けるのか**、だ。

相手から一本を取るためには、攻めるしかない。そして攻めるということは、勝つ可能性が増える一方で、負ける可能性も増えることになる。だからこそ、負けを恐れずに、最後まで攻め続けられるかどうかがファイターの魅力となる。

例えば、〝サク〟こと桜庭和志《さくらばかずし》くらいになると、試合中でも冷静に、自分が今、客席からどう見えているのかをイメージできている。真剣勝負の最中にありながらも、「今、みんなはつまらないと感じているだろうな」「ここでこれをやったらウケるんじゃないか」という意識が持てているのだ。

ある試合で、サクから仕掛けて負けてしまったことがあった。私たちからすれば、そんな感覚は全くなかったのだが、試合後、サクは「会場が盛り上がっていなかったから、行かないといけないと思いました」と敗戦を振り返った。

サクの試合は、判定に持ち込まれることが少ない。何故なら常に、華麗《かれい》に一本を取りに行こうとする、決着をつけに行こうとするからだ。ダメージを抱えていても、疲労困憊《ひろうこんぱい》だったとしても、それでも**ファンの求めるものを優先的に選択して、実行できる稀有《けう》なファイター**だ。

ＰＲＩＤＥ時代、そういった学習能力の高い選手たちには、私の発言からその意図を汲み、それを具現化する者もいた。負けてもいいんだということに気づき、アグレッシブに行けるようになった選手もいる。

ヴァンダレイ・シウバも、その一人だ。彼の試合を見たことのある人なら分かると思うが、彼はどんな形であれ、常に勝つことを強く意識していた。強い選手ではあったので、勝つ機会はもちろん多かったが、昔からアグレッシブだったわけではない。

けれども、2004年の大晦日《おおみそか》に行われた「PRIDE男祭り」で、対戦予定だったサクの欠場に伴い、直前に対戦相手がマーク・ハントに代わった。体重差のある相手に真っ向勝負を挑み、見事に散ったのだが、この一戦をきっかけに、ヴァンダレイは「負けてもいいんだ」「真っ向勝負こそがファンの心をつかむのだ」ということに、はっきりと気がついた。そして、ヴァンダレイの人気は不動のものとなった。

直近でいえば、朝倉海《あさくらかい》。彼もまた、ファンが何を求めているのかを理解し、勝利を最優先させるのではなく、局面に応じた戦い方、繰り出す技の選択ができるセンスを兼ね備えている。あえて相手の土俵《どひょう》で闘う勇気が、海にはあるといっていい。

強さだけではスーパースターにはなれない。ある種の儚《はかな》さや美しさも必要だし、それ以上に、相手と完全決着をつけるため、果敢《かかん》に前へ出ることが求められる。そういう臆《おく》さない気骨《きこつ》がある選手こそ、業界を引っ張る人物となり得る。

超人たちの口説き方

プロボクシングの5階級覇者、フロイド・メイウェザー。2015年にアメリカで行ったマニー・パッキャオとの王座統一戦は、チケット収入でも、全米・カナダ・プエルトリコを対象としたPPVのチケット販売数でも歴代最高をマークした。その記録はいまだ更新されていない。

2017年8月に、総合格闘家でUFC世界ライト級・フェザー級王者（当時）のコナー・マクレガーと試合後、メイウェザーは3度目のボクシング引退を表明した。ところが、まだまだ体は動くし、何か新たなチャレンジをしたい。そんな時に私たちは出会った。そこで彼から、**エキシビジョンマッチというビジネススキーム**を提案され、新しいカテゴリーをつくりだすキッカケをもらった。

その後、マイク・タイソンをはじめとした様々な元プロボクサーが、公式戦以外の試合でお金になる仕組みづくりに乗り出すが、メイウェザーは、プロボクシング界にエキシビションというカテゴリーを打ち立てた先駆者は自分だと主張している。そして、そのスキームを生み出したパートナーはRIZINだと思ってくれている。

ほかの選手にも言えることだが、現役時代にトップアスリートとして多くの人たちを熱狂させた人であればあるほど、その頃の栄光が忘れられないもの。いつまでも脚光《きゃっ／こう》を浴び続けたいという欲望があるのである。

世界タイトルマッチは肉体的にも精神的にも相当なタフさが求められる。今はもう無理だけれど、当時の興奮や、みんなが熱い眼差しを自分に向けてくれる時間というのは、もう一度味わいたいものだと、パッキャオも話していた。

今の自分がやりたいことと、やれること。その両者がうまくかみ合っているのがエキシビションともいえる。メイウェザーは「試合を楽しみたいし、みんなをエンターテインさせたい」とよく話している。

だから彼は、現役を引退後も闘いを楽しんでいるように見える。

2018年、私たちは「**メイウェザーが日本で試合をしたがっている**」という話を聞かされた。そのタイミングでは、堀口恭司《ほりぐちきょうじ》との一戦を制した那須川天心が、もしメイウェザーとの試合のオファーを受けたら、みんなが興味を持ってくれるだろうという確信があった。当時は、世界市場より国内市場を優先に考えていた。

実際に契約書を交《か》わす前の構想段階で、まずは天心を全面的にバックアップしてくれているスポンサーの方に意向を伺《うかが》うことにした。「もし天心とメイウェザーの試合を組めたら、やりますか、やりませんか？　もしやるとしたら、ファイトマネーは驚くほど高くなると思うので通常以上の協賛金を用意していただけますか？」「メイウェザーとの契約が取れそうなんですが、どう思います？」と。

このようなスポンサーとの下交渉は、普通ならしない。基本的には選手との契約を取りつけるのが先だ。

しかしながら、メイウェザーをRIZINのリングに上げるためには、我々の通常の興行の売り上げだけでは立ち行かない。だからこそ、経済的な面で先に交渉し裏をとらないとメイウェザーを呼べなかった、というのが正直なところだ。

そして、スポンサーや放送局に、どこまで経済的なバックアップをしてもらえるのか、ある程度試算して、「これなら勝負できる」というところまでお金を積み上げられるかどうかの確認が重要だった。

そもそもメイウェザーは、日本を拠点に活動している選手ではない。ボクシングファンならもちろん知っているが、世間一般的な感覚でいえば、天心との一戦でリングに上がるまでは、国内での知名度はそこまで高かったわけではない。

そのような状況のなか、下交渉では、ボクシングに詳しくない人でも、いかにメイウェザーがすごい選手なのかが分かるように資料にまとめ、臨んだ。

実際には、みんなが「絶対に面白いから、やろうよ」と口をそろえてくれた。そうした**スポンサーの方々と、大晦日に懸けてみようと思ってくれたフジテレビがあったからこそ、実現に至ったといっても過言ではない。**

そしてもちろん、天心本人がメイウェザーとやりたいかどうかも重要だった。

天心は、二つ返事で受け入れてくれた。天心がリング上で天才であることは今さら説明するまでもないが、彼はリング外でも天才的な独創性と想像力を持っている。私が詳細な説明をしなくても、彼は瞬時にこの試合の意義を感じ取ってくれたのだ。

ここまで整えた上で、私たちは満を持してメイウェザーとの契約に至った。

もてなしが信頼を得る

〝Ｍｏｎｅｙ〟の異名をとるフロイド・メイウェザー。その金満《きんまん》ぶりを世間は良しとしないが、そもそも**一試合の総収入が５００億円を超えるような男**だ。彼が試合をすることで動く金額がケタ外れなのだから、一般人と金銭感覚がズレていても不思議ではない。

元カノの誕生日に約２６００万円のメルセデス・マイバッハを贈り、来日の折に銀座で３５００万円のバーキンを買う男。それがメイウェザーなのだ。

彼の日常は、おそらく何もしない日でも一日に数百万円はかかっているはずだ。欲しいと思ったものは何でも買うし、チップとして渡す金額からしてまず違う。また、どこへ行くにも5～6人のセキュリティーが常に脇を固めている。彼らはメイウェザーが自分で雇い、報酬を支払い、メシを食わせている。

こういう話をすると、無茶苦茶な金の亡者に見えるかもしれない。しかしながら、そんな彼が日本のRIZINのリングで、破格のファイトマネーで試合をしている。

試合をする以上、**一定のファイトマネーを必要としているのは確かだが、金儲《もう》けがしたいのならアラブの富裕層が暮らすドバイやアブダビで試合をすればいい。**けれども、メイウェザーは日本のことが大好きで、リスペクトしてくれているから、ファイトマネーの額面はある意味度外視なのだ。

「サカキバラ。俺は日本が好きだから、別に金が安くてもいいんだ」と、彼は言う。

日本の常識的な金銭感覚でいろいろなものを測ってしまうと、メイウェザーは完全にハミ出し者になってしまう。だが、アメリカは日本よりもはるかにマーケットがデカい。全米の平均年収は6万ドル（約860万円）。カリフォルニアやニューヨークなどの都心部に行けば、平気で1000万円を超えると聞く。

その一方でフィリピンでは、平均年収が45万円。「そんなに安いのか」と思ってしまうが、それでも生きていける。

日本人選手のみで日本人マーケットのみに向けてコンテンツをつくってもそれなりに食べていけるはずだ。

でも私は、小さな規模で満足したくはない。もう一度メイド・イン・ジャパンで、日本から世界にチャレンジしたいのだ。大志《たいし》を抱いてものをつくりたい。

PRIDE時代には、世界中のファンがPRIDEを観ているということを経験している。だからこそもう一度、そういう世界を、そういうコンテンツをつくりたいと思っている。

先ほど「メイウェザーは日本が好きだから、お金じゃない」と言ったが、一方で彼から信用を勝ち得ているのはお金の力だ。メイウェザーに限らず、外国人ははっきりしていて、誰からお金をもらっているのかを理解しており、その瞬間はリスペクトがある。ただし、お金が払えなくなったとしたら、その時はあっという間に手のひらを返すだろう。**金の切れ目が縁の切れ目**、ということだ。

もちろんお金のことだけではない。自分が最高に輝ける舞台をつくりだしてくれるのかどうか、というところも大切にしている。

メイウェザーの場合、天心戦ではファイトマネーを約束通りに支払ったことはもちろん、集客や演出、周辺のホスピタリティーも含めて、とても満足している様子だった。我々のチームのプロフェッショナルとしての力量を、きちんと理解してくれているように思う。

RIZIN2戦目となった朝倉未来《あさくらみくる》戦を実現できたのは、天心戦で築いた信用があったからだ。


今、メイウェザーとは、プレーヤーとしてリングに上がってもらう以外に、次世代のメイウェザーや朝倉未来、天心をいかにつくりだしていくかについても話をしている。新たな展開がこれから楽しみだ。

最後の1秒まで諦めるな

（第2章）

価値を最大限高める闘い方

思いを伝える最良の手段＝手紙

一筋縄《ひとすじなわ》ではいかない交渉の手段として、「**文字にすること**」**の効果**を実感している。私は、興行の成否に関わる重要な交渉において、選手に手紙を書いて渡すことがよくある。PRIDE時代はもちろん、RIZINを立ち上げてからも那須川天心、堀口恭司、ヴァンダレイ・シウバなど、数々のトップファイターに、自身の思いを文字にして伝えてきた。

なかでも強く印象に残っているのが、2004年に開催したPRIDEのヘビー級グランプリに出場してもらおうと交渉した小川直也《おがわなおや》のことだ。

タイトルマッチや、ノンタイトルのワンマッチといった試合形式があるなかで、へビー級グランプリ2004は16選手によるトーナメント形式で行われた。

当時、プロレスラーとして第一線で活躍し、「ハッスル」のリングに立っていた小川は、たった一人の勝者が決まり、順位がつけられる競技的側面を有した、いわば実力判定の場に対して、否定的な態度を見せていた。

プロレスラーに転向する前は、オリンピックで活躍する柔道家だった男だ。子どもの頃からそうした勝負をさんざん繰り返してきて、もう十分だという思いもあったのだろう。それでも、私たちは「柔道家の強さを証明してほしい」と食い下がった。

そして、大会に出ることの意義を理解してもらうと同時に、経済的な条件を提案するために、手紙を書いて渡した。長い交渉の末、当初は難色を示していた小川も、最終的には「ハッスルのためなら」ということで、首を縦に振ってくれた。

根気強く交渉を続けられたのも、こちらの思いがきちんと伝わったのも、手紙というツールのおかげだと思っている。

大事な時ほど文字にするという習慣は、誰かから教えられて身についたわけでも、誰かの真似をしたわけでもない。この仕事をするなかで、どうすれば選手に真意を伝え口説き落とせるのかと考えた末に、たどり着いた手法だ。

試合の勝敗は、時に選手の人生を左右する。

得るものが大きければ、その分、失うものも大きい。

だから、誰もが「見たい」と思うようなカードも、選手にしてみれば受け入れがたいケースは少なくない。それに選手も人間だから、「あいつとだけはやりたくない」というように、感情が先行してしまうこともある。向き合っている選手の表情が曇るのを目の当たりにすると、自然とこちらの言葉もトーンダウンしがちで、交渉はなかなか思うように進まないものだ。

その点、文章にすることで、相手の顔色を窺うことなく、自分の伝えたいことやすべきことをはっきりと伝えることができる。

それに、面と向かって意見したり交渉したりするのが得意な人もいれば、思っていることをなかなか口にできない人もいる。そういう人たちには手紙を送ることで、お互いにより納得のいく交渉ができると感じている。

しかも、文章なら時間をおいて、落ち着いた状態で目を通すことができるし、何度も読み返せるから、こちらの思いに対する理解や共感が深まる可能性も秘めている。

選手をそばで支える家族やマネージャー、トレーナーに目を通してもらえば、それが選手の背中を押すキッカケになることだってある。

まあ、本音を言えば、自分の思いを文章にするのは、時間も労力もかかる大変な作業でしかない。文字として残るから、ヘタなことも書けない。例えば、そこに記した数字は絶対にクリアしなければならないし、提示した条件を反故《ほご》にすることも、あってはならないことだ。

ただ、記す内容や、それを伝える言葉選びに悪戦苦闘《あくせんくとう》しながら完成させた文章だからこそ、読んでもらいたいという気持ちにはなる。

だから、**時にとんでもない言葉のキャッチボールを仕掛けている**ことも自覚している。THE MATCHの時の天心とのやり取りは、まさにそんな感じだった。

天心にはどんな言葉が刺さるのか、この行間をどう読み取るのか。そんなことを考えながら文章のやり取りをしていたので、ある意味彼と闘っていたともいえるかもしれない。

同じ言葉でも、口から発するのと、文章にしたものでは、伝わり方が異なる。

そして、文字に起こしたほうが、自分の伝えたいことは明確に相手へ伝わると信じている。

"土産《みやげ》"は交渉の切り札

「交渉を上手くまとめるためにはどうしたら良いですか?」

ありがたいことに、そんな質問をいただくことは多い。そうやって質問してくる人たちの求める答えは、以下のようなものだったりするようだ。

「相手の強みと弱みを握るんだ。自分のほうが上だと示すことが重要だ」

駆け引き論やメンタル論、交渉に関する様々なテクニックが世の中にはあふれている。確かに、交渉の成功確率を1~2%上げるためにはそれらも必要かもしれない。

でも、大切なのはそこではなく、**相手の立場で物事を考える**という姿勢だ。

すでに紹介した伝説のボクシング選手メイウェザーとの交渉から実現に至るまでの

過程で、ほとんど知られていないことがある。

実は、メイウェザーが翻意《ほんい》しかけたことが一度だけあったのだ。

エキシビションマッチという形式の試合も、アメリカ国外で闘うのも、第一線を離れてから試合をするのも、初めてとなるのが2018年のRIZINの舞台だった。

だから、記者会見で発表した時点で、本人が想像する以上にものすごい反響があった。

メイウェザーは「日本でヤングボーイと試合するだけだから、アメリカの人たちも別に見ていないだろう」くらいの気持ちだったはず。しかし、あっという間に世界中でニュースになり、アメリカのボクシング関係者のなかに難色を示す人たちが出てきたのだ。

「ボクシングで頂点を極めた者が、日本のキックボクサーと、ボクシングのルールで試合をするなんて、『弱い者いじめ』ではないか?」

「タイトルのかかっていない試合に出るのは、チャンピオンの価値を貶《おとし》めるだけだ」

プロボクシング選手としての第一線を退《しりぞ》いたとはいえ、引退後も、母国のボクシング界との関わりはメイウェザーにとって大切なものだ。だから、批判的な意見を聞いて、彼の心も揺らいだようだった。

「**メイウェザーが試合をやるのをやめようかと悩み始めたぞ**」

彼のマネージメントから聞かされた私は、アメリカへ飛んだ（もちろん、試合出場の契約は締結していたので、この時点で彼が出場をキャンセルしていたら、彼らは違約金を支払う必要があった。ただ、当初はその支払いも辞《じ》さないテンションだった）。

渡米した理由の一つは、「冷静になって考え直してくれ」と彼へ伝えること。

ただ、この時点では、それ以外のミッションも残っていた。試合開催については合意していたものの、それ以外の細かな条件の交渉はまだ完了していなかったのだ。例えば、日本国外では、どのような国の放送局に、どれくらいの放映権料で放送してもらうかもそう。それらは、とても大きな意味を持つ交渉となる。

実際、北米をはじめ海外の放送局からの問い合わせは、かなり来ていた。しかも、その金額はケタ違い。「この放映権料だけで、〝超〟高額なメイウェザーのファイトマネーがまかなえるぞ！」と、息を呑むような提案もあった。

メイウェザー陣営としても、もちろん、試合はやりたいと考えていた。その一方で、「母国のボクシング界を刺激したくない」という思いも、同じくらい強かった。そうした懸念が、彼らのネックになっていることが話を進めるなかで分かってきた。

だから、この時の私は**アメリカ本国を含めた北米での放映を断念すると決めた。**

もちろん、北米からの放映権料を得られないままでメイウェザーに〝超〟高額のファイトマネーを支払ったとしても赤字にはならない目処が立っていたことも、その決断を下せた要因の一つだった。

ただ、私が強く意識したのは、彼らと一緒にショーをつくるのは、その時が初めてだという事実だ。当然、彼らのなかには我々への信頼感などまだなくて、不安もあるはず。だから、**信頼関係を築くという「無形」の財産を優先し、北米の放送で得られる放映権料という「有形」のお金を放棄した。**

メイウェザーの意を汲んで我々と交渉していた彼のマネージメント側は、この交渉によって「メイウェザーの懸念要素を払拭《ふっしょく》できた」という手応えを得られた。だから、そこからは良好な関係が築けるようになった。後に、朝倉未来との対戦で我々のリングに上がってくれたのもその証《あかし》だろう。

交渉というと、自分たちの要求を通すことばかりに目を向けることが多い。

でも、それだけでは上手くいかない。**交渉相手に「納得のいく交渉ができた」と思わせるような〝土産〟を持って行くことが実は大切**なのだ。

プライドを持たないことがプライド

私は、何かをお願いすることや、頭を下げることに抵抗がない。「こんなこと、カッコ悪くてお願いできないよな」と尻込みすることもない。こうしたいと思ったら、それを全力で伝えるし、**実現するための条件が出されたなら、それをクリアするための努力は惜しまない**タイプだ。いつかこの世を去った時には、仮に地獄《じごく》に落とされてもエンマ様とだって交渉するだろう。

良いことはどれだけでも伝えたいし、伝えることができる。それには自分が社長だからとか、若いからとか、年をとっているからとかは関係ない。

「俺はＲＩＺＩＮの社長なんだから、お前が頭を下げに来い」では駄目なのだ。自ら積極的にアクションを起こし、「お願いします」と頭を下げて相手との関係をつくる。そうすれば、いろいろなことを生み出していける。

だから社員たちにも、「自分からどんどん頭を下げていこう。謙虚になって向き合うべきだよ」と、いつも話している。

もちろん、間違っていることに対しては、「それは違う」とはっきり伝える。大切なのは、きちんと反応することだ。

そして、常に感謝を忘れないこと。そういう姿勢を示すことで、これまでに上手くいった経験は多いし、何よりお互いに気持ちがいい。

世の中には、「俺は絶対に頭を下げない」という人もいる。

「一言『ごめんなさい』と謝って、頭を下げれば済む話なのに」というようなことでも、頭を下げられない人は少なくない。駆け引きという点で見れば、簡単に頭を下げないことも大切なのかもしれないが、少なくとも私にそんなプライドはない。

プライドを持たないことが、私のプライドだ。

何が何でも頭を下げないというプライドは、いわば自分の意地とか、自己顕示欲《じこけんじよく》の権化《ごんげ》みたいなもの。私は、それは本当のプライドではないと思っている。

〝誇り〟と、〝意地〟や〝自己顕示欲〟は別物だ。

自分たちが大切にしているもの、築きたいものがあって、それを守ったり、実現させたりするためには、みんなに協力してもらおうという姿勢が欠かせない。そのためなら、何度だって頭を下げる。

それは相手がたとえ商売敵《しょうばいがたき》だったとしても、だ。

どんな世界でも、同業者というのは足の引っ張り合いになることがある。ライバルの活躍が面白くないと妬《ねた》み、僻《ひが》み、嫉《そね》む。けれども、そうした思いを直接ぶつけることはしない。むしろ距離を置き、高みの見物を決め込むのだ。

そんなものは本当のプライドではない。ただの〝意地〟だ。

そもそも、小さな世界のなかでいがみ合い、覇権を争ったところで仕方がない。それよりも、一緒になって何か大きなことを成し遂げたほうが、よっぽどいい。

私は常日頃から全方位外交を目指していて、とにかくすべての人たちに関わっていきたいし、コミュニケーションを取りたいと思っている。自分たちが心血《しんけつ》を注ぎ、取り組んでいることが世の中に認められたからといって、お高くとまるようなことは決してしない。敷居は常に低くあるべきだ。

そうすることが、誰にとってもプラスになると信じている。

ただし、もちろん何でもこちらが折れればいい、というわけではない。主張すべきことははっきり言葉にしなければならないし、海外の人と向き合うときには特に、イエス・ノーを明確に示す必要があることは肝に銘じておくべきだ。

自分を落として、それを表現できる人間は愛されるし、真に強い人間である。自分の思いや考えを具現化するためなら、**安い頭だからどれだけでも下げられる。**そんな強い心を養ってほしい。言っても良いこと、**言わないほうが良いことを瞬時に線引きし、余計なことは言わず、謝ったほうが良いと思えばすぐに頭を下げることができるのは、人と折り合いをつけるなかでは必要な資質**だと思う。

ディレクターではなくプロデューサーを目指せ

私が社員にいつも言っているのが、「**リアクションをとるのではなく、アクションを起こせ**」ということだ。時にはリアクションしなければならないこともあるが、まずはテイク・アクション。自ら一歩踏み出して仕掛けよう、と呼びかけている。

それは私自身に言い聞かせていることでもある。社員たちにしてほしいことは、私が率先してその姿を見せるしかない。社長になったからといって、自分の仕事のカテゴリーやジャンルが変わることはないのだ。自分がすべきことは、何でも先頭に立って取り組むようにしている。

社員にはプロデューサーになってほしい。コンテンツ制作会社は、**現場の指揮をと**

るディレクターではなく、企画立案し予算の権限を持って全体を統括《とうかつ》する優秀なプロデューサーを沢山抱えることが必要だからだ。

良いものはつくるけれど採算は度外視で、どれだけ赤字になっても私は知りません、ではよろしくない。収支を合わせていく意識が不可欠だ。了承を得て会社にお金を出させ、何かにチャレンジしたいと思うくらいの気概のある社員でいてほしい。

当然ながら、やりたいことと、予算的に実現可能なことにはギャップがある。けれども、予算組みに関して特に制限は設けない。何故なら、決まった額のなかで考えるものではないからだ。最終的に、収支のバランスがとれればいい。１０００万円かけたとしたら、それが１１００万円になれば良いくらいに思っている。

例えば、ディレクションを任されたからといって、その収支がどうなっているのか分からないのでは良くない。自分たちがやることには常にお金がついて回るのだから、どれだけお金をかけたか、どれだけ売り上げを伸ばせるのかまで考えるべきだ。

だから、社員には「あれは駄目」「これも駄目」と言う気はなく、むしろ「こういうことがやりたい！」と積極的にアクションを起こしてほしいと願っている。

「そのためには５００万円ほどかかりますが、さらに１００万円かけることで、こういう収益を上げられます」というような裏付けのある見込みをちゃんとつくった上で提案をしてくれれば、私は**基本的に「チャレンジしてみよう」と返すことが多い**。

とはいえ、常に利益を上げられるとは限らない。

興行は水モノだから、それも仕方がない。協賛のセールスが上手くいくかどうか、チケットやPPVの売り上げはどうか、といったことは、経験値からマーケットの熱を読み取れれば分かるかもしれないが、博打《ばくち》みたいなものだ。

どんなに大規模な宣伝計画を立てたところで、ずっこける新商品はある。その**確度を高めていくためには、実際に痛い思いをしたり、眠れない思いをしたりしてでも勝負していかなければならない**のだ。

私も若い頃に、痛い思いをしたことがある。

東海テレビ事業のサラリーマンだった27歳くらいの頃、愛知県知多郡の美浜町にある小野浦海水浴場に沢山の人に来てもらい、海での遊びを提案し、海を楽しんでもらうことを目的とした「美浜海遊祭」というイベントを開催していた。

美浜海遊祭1年目の時、私はドライブインシアターをつくった。夜の時間帯は海水浴に来る人がいないから、ビーチの駐車場は空いている。駐車場を映画館にすることで、夜も足を運んでもらおうと考えたのだ。

ところが、美浜町は名古屋から車で1時間以上かかる。遠出して来て、2時間〜2時間半の映画を見たら、また1時間以上かけて帰らなければならない。「絶対に行ける！」という読みはもろくも崩《くず》れ、全く人が入らなかった。

それにもかかわらず、四十数日間続くイベントの期間中には、何度か上映作品を替え、映画配給会社に掛け合って新作を上映したこともあった。35ミリフィルムの上映機器をレンタルし、毎日のように映写技師に来てもらった結果は、大赤字。損失額は1000万近くに上《のぼ》った。

1年目で収支がマイナスだったら来年などない。そこで私は、通常あり得ない話だが、お世話になったイベント会社の社長に、「来年返すから、2000万円のところを今年は1000万円の請求にして、残り半分は私に貸してほしい」と頭を下げた。

さすがに向こうも、「それは厳しいなあ……」と、うろたえていたが、「助けてください」と頼み込み、必ず返すことを約束して請求額を少なくしてもらった。翌年には無事返済でき、1年目にして消滅の危機にあった美浜海遊祭は、その後25年以上も続く長寿イベントとなった。

愛される＝奉仕の心

経営の神様・松下幸之助《まつしたこうのすけ》さんが、「ビジネスマンにとって最も重要な責務は何か」という質問に対して、「みんなに愛されること、愛されるような仕事をすること。そのためには、相手に喜んでもらおうとする奉仕の精神が大切です」と答えたそうだ。

本当にその通りで、どんなビジネスも、様々な人との関係の上に成り立っている。**そういった人との縁に感謝し、見返りを求めることなく身を捧げ、相手に喜んでもらおうとする志を持った人が愛される**のだ。

スポンサーに対して、応援してくれるファンに対して、あるいは社員同士であっても、どうすれば相手が喜んでくれるか考えようということは、社員やスタッフにもよく話す。もちろん、打算的な行動では意味がない。言われなくても、求められなくても、**損得を抜きにして行動できることが大切**だ。

そういう行動をしていれば、いつしか愛されるようになり、求心力も出てくる。みんなに必要とされるようにもなるだろう。

私も愛されるために、相手に喜んでもらおうと奉仕の心を意識する日々だ。

例えば不在着信があった時。あるいは、ＬＩＮＥをもらった時。私はそのすべてに対して、なるべく早く折り返すなり、返信をするなりしている。

自分がＬＩＮＥを送った側の立場なら、いつまで経ってもメッセージが開かれた形跡がなかったり、既読マークがついているのに何の返信もなかったりしたら、きっと残念に思うはずだ。だから私は、どんなに**些《さ》細《さい》なことでも必ずリアクションする**。

新しい出会いがあった時には、いつでもどこでも、夜のお店のお姉さんとも、ＬＩＮＥ交換をする。交換して終わりではなく、メッセージのやり取りをして、「よかったらぜひ！」と、大会の案内を送ることもある。「社長なのにそんなことするんですか？」と驚かれるが、社長である前に営業マンだから全く苦にならない。

それと同時に、何に対しても、なるべく「ノー」と言わないようにしている。立場上、毎日のようにいろいろな提案を受けたり、アイデアを聞いたりするが、それらに対しては基本、「イエス」と答えたいと思っている。

その上で、性善説・性悪説でいったら、**私は性善説で考える**。要するに、物事をプラス思考で捉えるようにしているということだ。

誰に対しても、最初から疑ってかかろうとせず、まずは信じる。そして、その人の提案や思いに、真摯《しんし》に向き合うようにしている。

向こうは下心があって近づいてくるのかもしれないし、私を騙《だま》そうと思っているかもしれない。それでもまずは、真正面から向き合ってみないことには、その先に信頼の置ける人間関係がつくれるかどうかなど、分からないものだ。

初めて会った瞬間に、その人のすべてが分からないのは当たり前。だからこそ、なるべく「イエス」と言ってあげたいし、誘われればできるだけ断らない。本音をいえば、「ノー」と言えたらどんなにラクだろうと思うけれど、自分の性格上、これればっかりはどうしようもない。

スポンサードしていただける、お金を拠出《きょしゅつ》していただけるということは、私たちがつくりだしたものを認めてくれたということ。チケットを沢山買ってもらえることも一緒で、それが何よりも嬉しい。

そのために、一営業マンとして誰よりも売り上げを伸ばし、会社に貢献《こうけん》するという気持ちは、今なお変わらない。ただ、それゆえに、騙されることもある。

「そんなの嘘に決まっているじゃないですか！」「簡単に信じすぎですよ！」と、スタッフに呆《あき》れられたことも、何度もある。私が簡単に人を信用して話を進めた時に、それを実際に動かし処理するのはスタッフだから、それについて文句は言えない。

一方で、**愚直《ぐちょく》に相手を信じたからこそ、ひょうたんから駒《こま》が出ることもある。**組織に大きなプラスをもたらしてくれることもあるのだ。

それに、「社長、また騙されてますよ」と言ってきたスタッフに、私が「いや、そんなことないぞ。彼にはこういう良いところがあって……」と話しているうちに、「確かにそうかもしれない」と次第にスタッフの見方が変わってくることもある。

そうして受け入れることで、視野が広がったり、より俯瞰で物事を見られるようになったりするもの。そうした変化こそ、ＲＩＺＩＮにとって大きなプラスになることは間違いない。

年齢に囚《とら》われない生き方

マイルールの一つとして、「**もう○歳だから**」とか「**もうおじさんだから**」とは言**わないようにしている。**

これはヒクソン・グレイシーから教わったことだ。

ヒクソンは「**人間というものは、自分で自分を老化させてしまう生き物だ**」と考えている。「もう○歳だから」とか、誕生日を迎えて「また一つ年をとった」などと考え、口に出すことが、細胞レベルで自分の体に〝老い〟という指令を出してしまうというのだ。

彼独自の理論かもしれないが、そういうふうに言われてみれば、分からないでもない。何より、あのヒクソンが「自分の年齢を意識する必要はない」と言えば、確かにそうだなという気持ちになる。

年齢に囚われず、何歳になっても小学生や中学生の頃と同じように、いろいろなことに好奇心を持って、日々起こることにワクワク、ドキドキしながら生きることが必要、ということだ。

心を若く保ち、好奇心を持って生きていれば、それに伴って、肉体の老化スピードも変わるような気がしている。

私自身、還暦《かんれき》を間近に控えた今、そのことを実感している。

同世代に目を向けてみると、目標がなく、人生を諦めてしまっているような人は、たいてい老け込んでいるものだ。

反対に、年齢を重ねてもワクワク、ドキドキするような日々を送り、好奇心旺盛に生きている人は、見た目も気持ちも若い。

かくいう私も、よく「若いね」と言っていただける。周りの人たちに「もうすぐ60歳には見えない！」なんて言われると、やっぱり嬉しい。髪の毛一つとっても、少しずつ白髪《しらが》が出てきてはいるものの、今も白髪染めは一切していない。

あまり意識したことはないけれど、実際に40代の頃と今の写真を見比べてみると、もちろん老けてはいるが、ものすごく老け込んだという感じはないように思う。それはもしかしたら、若い頃と同じように「いい加減にしろ！」と言われそうな生き方をしているからだろうか。

２０１５年にＲＩＺＩＮを立ち上げたことで、ますます刺激をもらっているし、その半面、悩み、苦しむこともある。でも、悩んだり、苦しんだりした分、喜びも大きい。そういう経験を日々のなかで繰り返していることが、結果的に若々しくいられる秘訣ではないかと思う。

大事な教えを与えてくれたヒクソンも、やはり年齢を感じさせない。

最後に会ったのは4年ほど前だが、相変わらず若々しかったことを覚えている。そういえば最近、すごく若い女性と結婚したらしいと聞いた。恋愛もまた、年齢は関係ないということだ。

ヒクソンと初めて会った時、彼はまだ30代だったが、当時からすでに悟《さと》りを開いているように見えた。

例えば、日々のルーティンを崩さない。ほかの人にしてみれば、「それで人生、楽しいの？」と思いそうなものだが、彼は、自分が生まれた一族の宿命も含めて、それを受け入れて生きてきたのだろう。**肉体も精神もコントロールし、自らを律していた。**それでも、それが過度な負担になることはなく、ナチュラルに、ニュートラルに生きることが身についているのだ。

これは、実はアントニオ猪木さんにも通じる。

猪木さんとヒクソンに共通しているのが、自然のエネルギーを体に取り込むことを重視しているところ。これを**〝アーシング（earthing）〟**といい、私がお世話になっているトレーナーさんも、最近はその重要性を話してくれる。

猪木さんも、太陽の光を浴びたり、靴やアスファルトを介さずに、裸足で直接土や芝の上に立ったりすることで、地球からエネルギーをもらい、自分の体にパワーを注入することが大事だとよく話していた。

晩年こそ体調を崩されてしまったが、プロレスラーを引退してもなお、精力的に表舞台に姿を見せ、時には政治家として辣腕《らつわん》を振るっていた猪木さん。やはり年齢を感じさせることのない人だった。

慎重に、時に大胆に

プレゼンをする時、私にはどうも誇張する傾向がある。

「本当にできるのか」というようなことも、「できます！」と言ってしまうのだ。

選手との交渉でもそう。試合出場を打診する時、口説《くど》くべき相手は対戦してもらいたい二人＝AとBということになる。この時、まだAを口説けていないにもかかわらず、Bに「もうAは口説いたから」と私。Bが「分かりました。やりますよ」と応じてくれると、すかさずAに会いに行って、「Bはやると言っているよ」と話す。

まだ押さえてもいないのに、「この大会を開催するに当たって、ドームを押さえている」と口にして、一か八かの交渉に臨んだこともある。

吐いたツバは呑めぬものだということは、肝に銘じているが、最終的にふたを開けてみたら、言っていたことと違うとか、そこにたどり着けていないということも往々にしてある。

そんな私が、大風呂敷を広げずに慎重に慎重を重ねて実現させたカードがある。

それはPRIDEが立ち上がるよりも前、まさに私がこの業界に関わるキッカケになった髙田延彦さんと、初めて飲みに行った時のことだ。その時、ご本人から直接、ヒクソン・グレイシーと試合をしたいという話を聞いた。

実はこの時すでに、私はヒクソンと会う約束をしていたのだが、そのことを髙田さんに会った日には言わなかった。

髙田延彦対ヒクソン・グレイシーの実現。これは私自身にとって、ものすごく重い話だったからだ。

そもそも、ヒクソンと会うという約束自体、確実とは言い切れない部分があった。だから、髙田さんに話す前にまずは、ヒクソンと親交があり、間を取り持ってくれていた人に、「本当にこの日で間違いないよね？」「ヒクソンは来るんだよね？」と念押しして裏を取っておきたかったのもある。

もっと言えば、ヒクソンに「髙田さんと試合をしないか」と提案したいということについても、あらかじめ了承を得た上で伝えたほうがいいと思った。

酒も入っていたし、酔った勢いで危うく口を滑らせそうになったけれど、そこはグッとこらえた。翌朝、目覚めるとすぐに言質《げんち》を取り、初めて髙田さんにヒクソンと会う約束があることを打ち明けた。

慎重に慎重を重ねたのは、冒頭に記した通り、それまでに大風呂敷を広げて、自分で自分の首を絞めたことが何度もあったから。その度に「言わなきゃよかった」と反省したし、相手が髙田さんとなればもし間違いがあった場合に取り返しがつかない。

実際のところ、明らかに可能性がない話をすることはさすがにないが、実現の可能性が20～30％のところを60～70％だと言ってしまい、期待され、あてにされた結果、必要以上に苦労したり、お金がかかったりすることはよくあるが、これまでは何とか結果を出してきた。

気をつけなければならないのは、**大風呂敷を広げたことで信頼を失うことにつながってはならない**ことだ。

人から聞いた話を、さも自分が知っていたかのように「○○らしいよ」と話してしまったことがバレたら、勝手に話された情報源の人にしてみれば、良い気持ちはしない。言った、言わないで何度も嫌な思いをしたり、させたりしてきたからこそ、高田さんの時には自然とストップがかかったのだと思う。

私が気をつけているのは、誰かと会うのに間に入ってくれる人がいる場合には、その人を飛び越えて勝手にやり取りしないこと。段階・手順を踏むことや、仁義を切ることを忘れてはならない。

そのために、時には正面突破の正攻法でチャレンジし、それでどうにもならないようなら、思考を巡らせて第2のプラン、第3のプランでゴールを目指す。

ただしそのなかで、「俺がやった」「私がやった」と自分の手柄をことさらに主張しないことも重要だ。本当に1から10まですべて自分でやったとしても、提示される希望や条件を試行錯誤《しこうさくご》ののちにクリアしたとしても、「俺が全部やったんだぞ！」という主張は、どうしても鼻についてしまうものだ。

私が主役である必要はない。それよりも、関わった人たちに喜んでもらうことのほうが大切ではないかと思う。

思考を整理するスイッチを見つける

私は、プライベートでの人間関係はなるべくシンプルにしておきたいタイプだ。

仕事という枠組みのなかでは、誰とでも楽しく話すし、情熱的にやりたいと思っているが、**プライベートはできれば一人で過ごすのがいい。**

会社のスタッフのプライベートには触れないし、私も積極的に明かすことはしない。一緒に食事へ行くことはあっても、それは仕事の延長線上だ。

また、休日は、友達と一緒にゴルフへ行くとか、酒を飲むといったこともなく、引きこもり同然といっていい。

趣味も特になく、プライベートでやることといえば多少の筋トレくらい。

筋トレは週に2日、昼夜を問わず、空いている時間を見つけては、1時間ほど汗を流すようにしている。

大学生の頃はギャンブルもそれなりに嗜《たしな》んだ。地元・名古屋が盛んなこともあって、朝起きたらパチンコ店に走っていたものだが、今はめっきりやらなくなってしまった。

仕事が終わった後は、会食がなければまっすぐ帰宅する。

食事はコンビニかUber Eatsで調達して済ませ、あとは寝るだけだ。

ところが、仕事モードのまま食事をして、寝ようと思ってもなかなか寝られない。自宅では、アルコールは一滴も口にしないから、どんなに遅く帰ったとしても、**仕事モードの頭を1回リセットする作業が必要**だ。

私にとってその手段となるのは、ドラマ鑑賞や映画鑑賞。これを経て頭のオンとオフを切り替えて、眠りにつくことが多い。

オンライン配信サービスのなかった時代からその習慣はあって、『24』シリーズや『プリズン・ブレイク』シリーズにハマっていた。

最近のお気に入りは、Netflix。

Netflixでは、『サンクチュアリ―聖域―』、韓国ドラマの『模範家族』、あとは冷戦時代を舞台にチェスで世界一を目指す天才少女を描いたアメリカのドラマ『クイーンズ・ギャンビット』などをよく見ている。

難点があるとすれば、頭のスイッチを切り替えて眠るために見ているドラマが面白すぎて、かえってなかなか寝られないこと。

1〜2話だけ見て早く寝ればいいのに、深夜3〜4時までついつい見てしまうこともある。『模範家族』に至っては、あまりにも面白すぎて途中でやめられず、全10話をイッキ見してしまったほどだ。寝不足で翌日に大変な思いをしてしまったのは、言うまでもない。

ちなみに、アクション映画に関しては仕事柄、話題の作品についてはなるべく見るように心がけているが、格闘技の映像は全く見ない。頭が一気に仕事モードに入るからだ。

考えてみると、友達がいなくて、仕事が終わったら家に帰ってドラマや映画を見るのが習慣だなんて、とてもつまらない人生のように思えるかもしれない。

でも、60歳近いこの年まで、こうしていろいろな仕事をやらせてもらっていることに心から感謝しているし、これで人生は十分に楽しいと思っている。こんなにワクワク、ドキドキしながら、時にはしんどい思いをしながら、世間と勝負できていることが、私にとってはとてもエキサイティングなことなのだ。

アメリカの総合格闘技団体・ＵＦＣの代表、ダナ・ホワイトから聞かれた。「**こんなに楽しい仕事、やめられないだろう？**」と。

とはいうものの、格闘技界の組織を束ねる人材もみんないい年になってきた。身近なところでいうと、ダナが一番若くて53歳。私は59歳で、２０２２年の大晦日にＲＩＺＩＮとの対抗戦を行ったベラトールの社長で友人でもあるスコット・コーカーは60歳だ。20年後も自分たちが時代を動かしているということは、まずない。

１９９０年代初頭から築いてきたＭＭＡが、ここまでマーケットを大きくした今、我々が真剣に取り組まなければならないのは、次世代を担ってくれる後継者探し、そして育成に尽きる。

だから、賛否はいろいろあっても、全力でやれるところまでやって、次の世代にいい形でバトンタッチできればいいと今は考えている。

次世代への思いについては、ここではスペースが足りないので、別の項で本音を語ることにしよう。

"とにかく諦めない"を自分の格言にせよ

自分にできることを最大限、全力でやるというスタンスは、今も昔も変わらない。

大学生の頃、就職試験で東海テレビの面接に落ちた私は、その結果に納得できず、あろうことか、テレビ局まで直談判《じかだんぱん》に行った。「なぜ自分が不合格なんだ」と。

面接の手応えは十分で、間違いなく受かるという確信があった。だから、合否が出る前に、内定をもらっていたすべての会社に断りを入れていた。そのくらい東海テレビに懸けていたからこそ、自分の何が駄目だったのか、その理由をちゃんと聞いておきたいと考え、アポなしで乗り込んだ。

テレビ局に着くと、受付で「今年の入社試験を受けた榊原信行という者ですが、どうしても今回の採用の件でお話がしたいので、人事のご担当の方に会わせていただけませんか?」というようなことを伝えたと思う。

すると、受付の人が人事の担当者に電話で事情を伝えてくれ、普通なら門前払《もんぜんばら》いされるところを、「人事担当のいるフロアにお上がりください」と通してくれた。

小さな会議室みたいな部屋に通され、念願かなって担当者と面会し、思いの丈を伝えたところ、意外にも話が盛り上がった。

もちろんその場で「採用!」とはならなかったが、「キミは事業志望なんだよね。それなら今回の採用の話はいったん預かって、また連絡するから」と担当者。そしてその数日後に、イベントの企画・運営や広告代理店業務を行う東海テレビ放送株式会社の100%子会社である東海テレビ事業株式会社を紹介され、面接の機会をいただき、最終的には採用までこぎつけた。

思い返せば、大学受験の時も、合格の自信たっぷりだった第一志望の大学に落ちたことを知ると、「これは何かの間違いじゃないか」と、不合格の理由を確かめに行きたいという衝動に駆られた。この時は結局思い留まったが。

なぜ駄目なのかというハッキリとした理由、明確な回答が常に欲しいのだと思う。例えば、大学入試では合否しか分からないが、「今回の合格ラインは100点満点で67点でしたが、あなたの点数は65点でした」というように、客観的な根拠を教えてもらえれば納得できる。本当はそこまで提示すべきではないかと思っている。

大学入試では当時の共通テストの自己採点をして、「このくらいの点数が取れているだろう」という予測をもとに出願校を検討しなければならないし、面接が重要視される就職試験では面接官とのフィーリングが採用・不採用を左右するものだ。そこには、客観的かつ明確な根拠は少ないように思えてならない。

しかし、受験も就職もみんな人生を懸けて取り組んでいる。

その人の人生における大きなターニングポイントなのだ。

周りにもよく言われるし、自分でも思うけれど、私は諦めの悪い男だ。

でも、それはとても大切なことだと思っている。**諦めなければ失敗ではない**し、諦めずに全力でやっていれば、「ああしよう」「こうしよう」と考える機会になって、案外いいアイデアが生まれたりするものだ。まさに知恵を絞るとはこんな状況かと思う。

ＰＲＩＤＥやＲＩＺＩＮでのマッチメイクにおいても、諦めの悪さ、しつこさで、実現不可能と思われていたいくつものカードや、異種目も含めたトップアスリートの参戦を実現させてきた。

大切なのは、**自分が信じたことをやりきる強い信念を持つ**こと。

いい結果が出なかった時に「俺たちはもうここまでだ」と思ってしまったら、そこで終わりなのだから。

レジェンドの生き方はエンタメの教科書

この業界でものをつくる上で、私が最も多くのことを学んだのは、間違いなくアントニオ猪木さんからだ。

猪木さんの現役時代であれば、モハメド・アリをはじめとした異種格闘技戦や、タイガー・ジェット・シンとの因縁《いんねん》など、当時からの逸話も含めて、猪木さんがやっていること、見せることに関しては、とにかく目からウロコの話が多い。

猪木さんが新日本プロレスリングを立ち上げ、自らリングに立って表現していたことはもちろん、現役を引退してプロデュース側に回ってからもなお、〝見せる〟という点においては他を圧倒していた。

おこがましい話だが、私たちは「**猪木さんならこうするだろうな**」ということを、PRIDEの時代も、そしてRIZINを立ち上げた今もやっているところがある。誰よりも猪木さんに影響され、猪木イズムを色濃く反映しているのだ。むしろ、猪木さんがやっていたことを真似しているだけと言ってもいいかもしれない。

あまり多くの人たちに情報を与えないことも、その一つ。

猪木さんは見せることに対して、常に思考を巡らし、どうすればみんなが驚くのかを考え続けた人。そのために、自分の策を多くの人に明かさなかった。そうすることで、みんなが新鮮なリアクションをしてくれるからだ。

それは、私たちが格闘技をつくりだす上においても目指しているところだ。勝敗をコントロールできないから、結果は神のみぞ知るということはあるにせよ、必要以上の情報は出さないようにしている。

あえてへそ曲がりなことをしてみたり、決めていたことと違うことをしてみたり、マッチメイクにしても議論が起こるようなカードを意図的に組んだり。それは、猪木さんから学んでいることが大きい。

猪木さんが残した名言は数多くある。それらはどれも決してウケ狙いではなく、実に芯を食った言葉ばかりだ。

「馬鹿になれ」という一言にしても、リングで起こるエンターテインメントをつくる上では、とても大きなメッセージだと感じている。この言葉のままに選手たちがそれを体現し、令和のアントニオ猪木が誕生してくれたら、どんなに嬉しいだろうか。

それは表情一つとっても言える。

思い返せば猪木さんは、まるでリング上で見得を切る歌舞伎役者のようだった。卍固めをする、コブラツイストをする、その瞬間の表情に誰もが虜《とりこ》になったものだ。猪木さんほどの存在感がある人は、後にも先にもいない。それは、セルフプロデュース力もそうだし、全体をコーディネートする力もそう。

ただ、あまりにも無茶苦茶だから、それを具現化していく選手は大変だっただろうと思う。藤田和之《ふじたかずゆき》にしても、PRIDEに出てくる時に猪木さんが何かを懇々《こんこん》と説明することはない。「行け」、ただそれだけ（笑）。そういう意味では、師匠の言うことをそのまま実行できるメンタリティやフィジカルを備えていた選手たちもまた、すごいといえるのかもしれない。

PRIDE時代に、猪木さんと。

猪木イズムを端的《たんてき》に表現するならば、「**人生、一寸先《いっすんさき》はハプニング**」。

この一言に尽きる。

私も決められた表現の場で、それでいて勝敗のコントロールはできないガチンコの世界のなかで、どうやってハプニングを起こすかということを考えている。

そのためには、観客に試合を見られているという意識や、多くの人たちに感動や興奮を届けようということに対して、選手がこだわりを強く持てるかどうかが重要だと思っている。

時には自らを省みろ

2007年、私が代表を務めていたドリームステージエンターテインメント（DSE）はUFCに、そしてUFCのイベントを主催するズッファ社のオーナー、ロレンゾ・フェティータに営業権を譲渡した。そして、アメリカ人オーナーの日本法人として新会社・PRIDE FC WORLDWIDEが設立された。

この発表を、みんながどう受け止めたのかは分からないが、今考えても、ほかに選択肢はなかったと思っている。地上波のPRIDE撤退を受け、国内では信用不安が起こっていたからだ。当時はテレビ局の力がものすごく強く、「PRIDEに何か問題があるのではないか」「榊原に問題があるのではないか」という疑いの目をいったん向けられると、蜘蛛《くも》の子を散らすように、銀行やスポンサーが離れ、取引は停止となった。

それとは反対に、アメリカは噂話に左右されることなく相変わらずウエルカムの姿勢で、**PRIDEを続けていくためには、アメリカのマーケットで生きていくしかないと悟った。**

つい最近も、スコット・コーカーが言っていた。「あの時のアメリカの格闘技界は、PRIDEなら今のUFCになれるチャンスがあった」と。

アメリカマーケットを母体とするUFCと、日本マーケットを母体とするPRIDEを二大メジャーにして、2年か3年に一度、全面対抗戦というメガイベントを開こうと意気投合していたし、間違っても彼らにPRIDEをやらないという選択肢はないと信じていた。

アメリカという広大なマーケットで、いつ芽が出るかも分からないまま水をやり、肥料をやり続けたロレンゾとダナ・ホワイト。そんな苦労をして、それぞれに格闘技を愛する気持ちが共有できていたからこそ、その時は、最終的な決断として、ロレンゾにPRIDEを託《たく》すことが正しいと思った。

1997年、髙田延彦対ヒクソン・グレイシーをメインに据えた「PRIDE.1」の企画書をまとめ、実現させてから丸10年。私自身にあった権利をすべて譲渡し、苦楽《くらく》をともにしてきたスタッフを残し〝城〟を去るというのは、こんなにも寂しいのかと思った。

すべてはPRIDEというコンテンツが生き長らえ、成長曲線を描いていくためと決断したのだが、結果的にはそうならなかった。新体制発足後も興行開催の目処が立たず、PRIDE所属選手は他団体へ流出。その後、半年も経たずにPRIDE FC WORLDWIDE日本事務所は解散となり、スタッフは解雇された。

想像もしていなかった終焉《しゅうえん》には、いろいろな理由があったのだろうが、一つのオーナー企業が、UFCとPRIDEという二つのライバル会社を同時にコントロールしていくことの大変さは想像に難しくない。「**PRIDEの世界観は自分たちにはできない。サカキバラサンのチームじゃないとつくれない**」とも話していたようだ。

もし、こういう事態になることが予想できていたら、私はPRIDEを売らなかった。営業権の譲渡は、あくまでもPRIDEが続いていくための最善策だと思っていたわけだから。

だが、そうした苦い経験をしたからこそ、2015年にRIZINが誕生に至ったというのもある。

私の7年間の競業避止義務《きょうぎょうひしぎむ》が明けた２０１４年には、日本国内の格闘技はメジャー舞台から外れていた。その責任の一端は自分の決断にあると思っていた。世界的な格闘技ブームの黎明期《れいめいき》を支えたＰＲＩＤＥに代わるものが日本に存在していたならば、私の出る幕はなかった。けれども、自分の判断の間違いでそういうものがなくなったことに対して、選手にも、ファンにも、スタッフにもずっと申し訳ないと思っていた。

７年前の自分が下した決断が、悔しくて仕方がなかったのだ。

悔しい思いを抱えて生きるのも辛いし、人生は一度きり。それならば、のるかそるかは分からないけれど、今ある財産とこれから先の自分の時間と労力を懸けて、チャレンジしてみようと思った。

ＵＦＣのブレイクにより、日米の格闘技シーンはすっかり逆転していたこともあり、現在のマーケットの動向から、絶対に太刀打《たちう》ちできない、やめておいたほうがいいと諭《さと》されることもあったが、私は諦めの悪い男。

最終的には、無理だと言う笹原圭一や佐藤映像の佐藤大輔《さとうだいすけ》を半ば強引《ごういん》に誘い、その年の年末には旗揚《はたあ》げ興行「ＲＩＺＩＮ ＦＩＧＨＴＩＮＧ ＷＯＲＬＤ ＧＲＡＮＤ-ＰＲＩＸ ２０１５ さいたま３ＤＡＹＳ」の開催にこぎつけた。

人生には解決できるトラブルしか起きない

（第3章）

理念が新たな熱を生む

あらゆる方向から見つめる視点を持て

1997年10月に開催した「PRIDE．1」に対して一定の評価はもらえたものの、サラリーマンとして生きていこうと思っていた私は、それを本業にする気は全くと言っていいほどなかった。

沢山の人たちの協力で大会開催は実現できたものの、髙田さんが望んでいた地上波放送はできなかった。当時は「相手に馬乗りになった状態で殴りかかるようなバイオレンス要素の強い競技なんて放送できるはずがない」という時代だったのだ。

そのようななか、チャンスをくれたのが、パーフェクTV！（現・スカパー！）だった。パーフェクTV！側から、続けてほしいという強い意向があったし、我々も恩義を感じていた。もう1回やってみたいという思いも、心の片隅にあった。

ただ、もう一度見たいという希望の多かった、髙田延彦対ヒクソン・グレイシーを2回目ですぐにやるのもどうかと逡巡《しゅんじゅん》し、1998年中に行うことに決めた。そしてその大会を「PRIDE.4」とし、それまでのつなぎとして「PRIDE.2」、そして「PRIDE.3」を開催することとなった。

再戦まで丸1年、何もしないのもどうかと思ったし、当時UFCは定期的に大会が開催されていなかった。そうした事情から、UFCで活躍していたビッグネームの選手たちに、仕事と試合の場を提供できるチャンスと考えたのもある。

しかしながら、髙田対ヒクソンの再戦に向けてタスキをつなぐはずだった、2回目と3回目の興行は、決して褒《ほ》められるような出来ではなかった。

PRIDE.2のメインイベントは、当初、ヒクソンの異母弟であるホイス・グレイシーとマーク・ケアーを予定していたのだが、ケガによるホイスの欠場で、マーク・ケアーの対戦相手はブランコ・シカティックに代わった。

また、競技としてまだ成熟していなかったこともあり、私たちはグレイシー側の意見に影響されることが多かった。この時も「**決着は時間で決めるものではない**」というグレイシー側の考えを受け、**多くの試合時間を無制限**としていたため、結果として１試合にかかる時間が長くなってしまった。

第１試合のホイラー・グレイシー対佐野《さの》なおきは30分以上、第５試合のヘンゾ・グレイシー対菊田早苗《きくたさなえ》に至っては、約１時間の攻防が続いた。技術が進化した現在とは違い、グラウンドになってからは展開が全く見られず、膠着《こうちゃく》状態が続いた。

観客の皆さんは、最後までよく見てくれたと思う。今だから言えるが、私は、うかつにもリングサイドで寝落ちしてしまった。

ＰＲＩＤＥ.３では試合時間を見直し、メインは高田延彦対カイル・ストュージョン。桜庭和志対カーロス・ニュートンはいい試合だったし、変わり種として体重80kgの高《たか》瀬大樹《せだいじゅ》に３００kg超のエマニュエル・ヤーブローをぶつけたりもした。

そしてＰＲＩＤＥ.４では高田対ヒクソンの再戦が実現。試合内容は１回目よりも両雄《りょうゆう》の攻防が見られたが、チケットやＰＰＶの売り上げはそこまで伸びず、収穫があったとすれば、高田さんに連勝したヒクソンの価値が高まったことだろうか。

今思えば、黎明期の興行は選手の論理に偏《かたよ》っていた。グレイシー側の意見や考えを反映していたこともそうだし、私たちも、２回目のヒクソンの契約を早々に取れたことで、彼をほかのプロモーションに取られたくないという意識が働いてしまった。それに、2回目の契約を取ったからには、ヒクソンからリクエストのあるほかの選手たちを試合にも起用しなければならない。結果的には、自分で自分の首を絞《し》めてしまっていたといえる。

その苦い経験があったから、格闘技ファンの目線、もっといえば格闘技をよく知らない人でも、誰と誰が対戦すれば、どんなルールで試合をすれば興味を持って見てくれるのかを考えるようになった。

RIZINのリングにメイウェザーを上げたことや、那須川天心対武尊の一戦を実現させた「THE MATCH 2022」などは、その最たる例といっていい。この先マニー・パッキャオの試合も控えている。

反対に、どんなことをするとファンの反感を買うだろうか、ということにも思考を巡らせながら、マッチメイクを担当する社員たちと必ず意見を交換している。

この時に、「○○はどう思う?」「みんなはどう思う?」と意見を聞くことが大切だ。自分一人で突っ走って「ついてこい!」とするのではなく、「**俺はこう思うんだけど、どうだろう?**」と、仲間を導きながらも巻き込んでいくことで、自分の担当ではないと他人事にせず、当事者として積極的に関わってくれるようになるのだ。

自分が見たいものを形にする

見る側に立って考える、という話をしたが、それは「**このカードが組めたらきっとみんな驚くだろうな**」というもの、つまり誰もがワクワク、ドキドキするものを仕掛けたいという性分からだ。

そんな性分の私が、たまたま格闘技という競技で、そういうことが自分の手でできる位置にいるというだけだが、だからこそ妥協することがない。やる前から「これは無理だよな」と自分たちで決めつけないことを大切にしている。

どちらかといえば、自分の手でコントロールできる事業を生み出したいという思いが強いがゆえ、会社の利益が上がるかどうかは、二の次、三の次。利益を上げることは大切だが、**自分の思い描いたものを実現させる第一歩は、「やりたい」という強い思い**。だからこそ、自分がやりたい事業のためなら意地でもお金を集めてくる。

若い頃は特に、動機が不純になることもあった。

サラリーマン時代に立ち上げた「美浜海遊祭」の動機は、真夏でもスーツを着なければならないのが嫌だったから海でのイベントを企画して、それがちゃんと仕事になれば毎日大好きな海に行けるし、服装もTシャツに短パンでいいじゃん！と考えたのだ。もし今のスタッフが同じことを言ったら、まあ怒るだろうね（笑）。それくらい不純な動機だった。

「これからダイビングが流行《はや》る」という時期に、沖縄にダイビングに行くツアーを計画したこともあった。それを東海テレビの番組内で紹介してもらったり、中日新聞の記者を実際に沖縄へ連れて行って、ダイビングの魅力を取材してもらったり。記者が取材に行く時は、ちゃっかり同行して、一緒にダイビングを楽しんだものだ。

昔、〝ねるとんパーティー〟というものが流行った時期があったが、多分、最初に大規模なねるとんパーティーを仕掛けたのは私だと思っている。当時、芸能人や一般人同士のカップリングパーティー企画をテレビで見て、「こんなふうに告白したり、されたりしたい人って、結構いるんじゃないか」と思ったのだ。

ちょうどクリスマスの時期に、あるテレビ番組で一般の人に呼びかけたところ、男女各500人、計1000人が名古屋に集結した。司会はなんと売り出し中の若きダウンタウンの2人。関係者や参加者からは、好意的な反響が多かった。

そののちに、『ねるとん紅《べに》鯨《くじら》団《だん》』（フジテレビ系列）がレギュラー番組として始まり、世の中でもねるとんパーティーが流行した。

そのほかには、東海エリアにある大学のミスコン優勝者を集め、東海エリアのナンバーワンを決める「ダイナランド・ミスキャンパスコンテスト」を開催したこともあった。各大学のミスコン実行委員会とつながって協賛を申し出たのだ。

当時はスキーブームということもあり、会場は、岐阜県にある西日本最大のスキー場・ダイナランド。また、スキーやスノーボード用品を取り扱うヴィクトリアに協賛してもらい、優勝者にはスキー用品やスキーウエアが贈られた。

コンテストの模様は、東海テレビの深夜帯番組で紹介し、後追いでフォローする企画も考えて、頻繁にスキー場に行ったものだ。

若い頃から、**話題性があって、自分としてもやってみたいと思えるもので、なおか**

つ仕事になりそうなものを形にすることばかり考えていた。

自分が面白いと思うものを見つけて企画を立てて持ち込むと、全部が全部とはいわないまでも、割と事業として上手くいくことが多かった。そうして、企画を実現させることにより、私の周りで関わってくれた人たちが喜んでくれるもの、「面白いね」と言ってくれるものを継続してきた結果、今がある。

ねるとんパーティーにしても、ミスコンにしても、これなら今の世の中に受け入れられるのではないか、というこれまでにない新しいものをつくりだすことに、割とタイムリーに応えることができていたのかもしれない。

それは、トレンドを読む力があるとか、相手の求めていることを聞き、求められていることに対して的確にボールを打ち返せているというよりは、「これがやりたい！」「これをやったら上手くいく！」といった直感、感性の部分が大きいように思う。

自分が楽しめない仕事はあまり意味がないし、絶対に続かない。

キッカケは不純な動機でもいいから、自分がやりたいこと、興味のあることを見つけ、まずは始めてみることだ。

現代と格闘技の親和性

私は、格闘技に関してだけは、これからマーケットがどのようになっていくのかが、かなり早いタイミングで分かる。何故なら、それだけ格闘技に、自分のつくりだすものに、真剣に向き合っているという自負があるからだ。

新型コロナウイルスの世界的な感染拡大は想定外だったものの、今、世の中の環境は変わりつつある。そのなかで、例えば配信のプラットフォームがどのように淘汰《とうた》されていくのか、時代としてどう動いていくのか、そしてテクノロジーが進化していく過程とどのようにシンクロさせるのか、といったことを考えなければならない。

その上でそれに必要なソフト、今でいえば、我々が次なるマーケットとして必要とする10代や20代が、何から情報を得ているのかということは、自分自身が10代や20代ではなくても客観的にリサーチする必要がある。

そして、彼ら・彼女らにRIZINに触れてもらうためには何をするべきか、彼ら・彼女らが求めるものは何なのかを感じながら、選手たちと共同作業で最高のエンターテインメントをつくりだしていくことが大切だ。

それを形にする上で言うならば、**私は「言うだけ番長」だ。言ったことを具現化してくれるチーム、そしてスペシャリストがスタッフにはそろっている。**

おそらく、このチームは世界的に見ても、格闘技のコンテンツのなかで独自の世界観をつくりだすことができる唯一無二のチームである。それは私だけでなく、広報事業部長の笹原圭一や、映像作家の佐藤大輔、そして2人以外の制作チームスタッフも、20年以上ともに働くなかで、お互いの経験則を共有できている。これが私たちの無形で大切な財産なのだ。

今となっては、笹原や大輔の反応を見れば、それがヒットコンテンツになるのかどうか、だいたい分かる。ただ、１００％分かっているわけではないし、たとえ彼らが難色を示したとしても、私がやるべきだと思えば構わずやってしまうこともある。

最近だと、昨年の夏に、ハワイにメイウェザーと未来やそのほかの出場選手を呼んで対戦カードの発表会見をすることを決めた時は、スタッフには事前に何の相談もしていなかったからみんな間違いなく引いていた（笑）。それでも、何だかんだ言いながらみんな動いてくれて、気づくと物事がきちんと進み、大きな話題をつくることができたから、つくづく良いスタッフに恵まれていると思う。

10代、20代をいかに取り込んでいくかという点に関しては、**〝タイパ〟（タイムパフォーマンス／時間対効果）もカギを握る**と感じている。

近年は活字文化から、短い時間でより多くの情報が得られる動画文化に移行しつつあるといわれている。若者たちは、再生速度を倍にして動画を視聴したり、興味のないコンテンツはスキップしたり、別の作業をしながら映像を見たりするのだという。

このように時間対効果を重視する現代は、実は私たちのビジネスチャンスがグッと広がる可能性を秘めていると言っていい。

スポーツ中継に関しては、例えばプロサッカーは45分ハーフで行われるため、1試合は約90分だが、それさえも長いらしい。そのため最近の子どもたちは、1試合をフルで見るのではなく、ＴｉｋＴｏｋやＹｏｕＴｕｂｅで切り抜き動画のダイジェストを見るのが当たり前になっている。

その点、格闘技の平均試合時間は約10分。ＹｏｕＴｕｂｅでよく視聴される動画の尺がだいたい10分ちょっとであることを考えると、格闘技というコンテンツは今の時代にとてもマッチしているといえる。

一つの大会で十数試合やるから、「よく5時間も見ていられるね」と言われるのだが、試合ごとにドラマがあって句読点がつくから、実際には「あれ？　もう終わっちゃったの？」という感覚で最後まで見ることができるはずだ。

また、**ダイジェストのように試合を切り取るにしても、格闘技はおあつらえ向き**。

プロ野球の試合ならどこを取り出してくるかというと、ホームランやヒットを打って得点が入った時、守備でファインプレーがあった時、大事な場面で三振を奪った時など、その選択肢はとても多い。

その点、格闘技は1対1で試合展開が分かりやすい分、切り取りやすい。ＴｉｋＴｏｋに格闘技のショートムービーが沢山上がっているのを目にすると、やはり現代にすごくマッチしているスポーツコンテンツだと実感する。

お金は紙切れでしかない

お金は紙切れでしかない。

お互いの条件を納得し合うために必要な道具ではあるが、それ自体に価値があるわけではないのだ。

ＰＲＩＤＥを売却したことで、その時点では何もしなくても生きていけるくらいのお金は手に入れたが、それでも私は不幸せだった。

私には、何もしなくても生きていけるお金よりも、日々悩んだり、苦しんだりしてあくせく働いて、「**自分はこれに懸けて生きているんだ**」**と思えるものがあることのほうが重要だった**のだ。

だから、自分をエンターテインさせるもの、エキサイトさせるものには、お金を使っている。もちろん物欲が全くないわけではないが、それよりも、自分がみんなに見せたいものを生み出すためにお金を使いたいのだ。

実現するにあたりクリアすべき問題がお金で解決するのならば、用意すればいい。

「私は金では動きません。金の問題ではないんです」「私が欲しいのはお金ではなくて○○なんです」というケースは手に負えない部分もあるが、そもそも**お金で解決できる話は簡単だ**と思っている。絶対的にお金では解決しないことで雌《し》雄《ゆう》を決したり、やる・やらないが決まったりすることが、一番大変なのだ。

そういう意味では、**お互いが納得する物差しの一つがお金**といえる。

プロモーター業を続けることで、私のなかの貨幣の価値は下がってきている。

もし私が守《しゅ》銭《せん》奴《ど》だったなら、ＲＩＺＩＮは間違いなくできなかった。自分の取り分が足らなかったとしても、自分の分を吐き出し、さらにはどこかから借りてきてでも実現させるためにはお金を張る。そうすることで、みんなの見たいものが、この6、7年で実現できているのだ。それはＰＲＩＤＥの時代もそうだった。

例えば、ある選手にファイトマネーを1億円払うけれど、自分は10億円もらう、というようなことはない。逆に、ある選手に1億円支払うことが条件だとしたら、マーケットから得られるお金が7000万円で、収支が3000万円合わなければ、その3000万円は自分の借金としてどこかから借りてくることになる。

だから、私個人としては日々暮らしていくらいのお金はあるのだが、億ションを買ったとか、とんでもない絵画を競売で競《せ》り落としたとかは何もない。

ただ、私はほかの人が持っていないものを持っている。それが、**RIZINというブランド**だ。そこで命を懸けて闘う選手、興行の成功に向けて一緒に走ってくれるスタッフが私のかけがえのない財産なのである。

「榊原さんはいいよね」と言われることがある。「あなたは後世に名が残る。私は、お金は持っているけれど、そういうものは何もない」と。

そういう人には「もしかしたら一文無しになるかもしれないけれど、今あるお金を使って、何かにチャレンジしてみればいいじゃないですか」と言いたい。

私が行うチャレンジとは、自分がやりたいことを具現化するためにお金も知力も体力もすべてを懸けることだ。どこかにお金だけを預けて自分自身は何もせず、汗もかかないような投資をする気はない。だから、PRIDEやRIZINをやるようになってからは、ギャンブルにも全く興味がなくなった。**今、自分がビジネスとしてやっていることが、いうなれば一番エキサイティングなギャンブル**だからだ。

お金が理由で「無理です」とは言いたくないという思いがある。もちろん、そこまでお金をかける必要はないと判断することはあるし、そういうところにお金は張らない。けれども、余分にお金を払ってでもやっておくべきことや、RIZINにとって、日本の格闘技界の未来にとって、今やるべきことなのであれば、たとえ収支が合わなかったとしても、お金に糸目はつけない。

そして、そこに対する感覚は誰とも共有していない。それは自分のケツは自分で拭く、という覚悟だ。

「そんなに払うのはやめませんか」と言われたことは、何度もある。フロイド・メイウェザーとの契約金もそうだ。「**毒にも薬にもなるような選手に大枚《たいまい》をはたいて、今のRIZINに引っ張ってくることが本当に必要なんですか?**」と聞かれたこともある。

でも、私はその先を見据えている。メイウェザーがRIZINに来ることで、そのなかで起こる化学反応が、1年後、2年後、3年後にどう生きてくるのか。それを生かすも殺すも、自分がその後どうするかによって決まるのだ。

ブレない理念を持つ

２００７年にＰＲＩＤＥを売却した後、「売らなければよかった」という悔《く》いが心の大部分を占めていた。

そしてそれ以上に、自分が夢中になれるものを失ってしまったことで、あれほど毎日のように感じていたワクワク、ドキドキが全くないことが、とてつもなく辛かった。先頭に立って走るのは確かにしんどかったけれど、その**ポジションから降りたことで、刺激が足りなくなってしまった**のだ。

自分にとって大きな刺激となり、ＰＲＩＤＥのように夢中で動けるものはないだろうかと探しているなかで、行き着いたのがサッカーだった。

私という人間を形成するにあたって、小中高と続けたサッカーから学んだことは沢山あった。加えて、サッカー産業がどのようになっているのかも知りたかった。

J1クラブのオーナーにはなれないだろうし、すでに完成されたクラブにスポンサー企業として関わっても面白くない。それよりも、自分が関わることによってクラブが夢や目標を実現していくようなことをやりたいと思った。そこでクラブを探し、出合ったのがFC琉球《りゅうきゅう》だった。

2003年に創設されたFC琉球は当時、JFL（日本フットボールリーグ）というアマチュア最高峰のリーグに所属し、沖縄初のJリーグ加盟を目指していた。

沖縄という地域は個人的に好きだったし、日本の最南端に位置する沖縄は、アジア諸国にしてみれば日本の玄関口でもある。そのような場所で夢や志を持ち、日本一のクラブをつくることにロマンを感じ、2007年12月に株式会社沖縄ドリームファクトリーを創業、FC琉球をバイアウトしてオーナーとなり、運営に参画《さんかく》。2009年からはオーナー兼球団代表に就任した。

2015年に格闘技界に戻ってリスタートを切る上では、FC琉球で悪戦苦闘するなかで学んだり経験したりしたことが大いに生きている。例えば、理念の大切さ。

各クラブはそれぞれ理念やモットーを持ち、目標を掲げていた。それは選手もサポーターも含めて、みんなで共有して持つものだ。

2008年にFC琉球の総監督に就任したフィリップ・トルシエにも、「サッカークラブをつくる時には、このクラブがその地域社会のなかでどう機能していくようにするかを共有し、野心とヴィジョンを掲げ、目指すべき方向性を明確に示し、**しっかりと哲学を持ってその地域のみんなで取り組まなければ、てんでんバラバラになってしまう**し、必要とされるクラブは誕生しない。サカキバラ、クラブを経営していく、クラブをつくり上げていくということは、まずそこから始まるんだぞ」と言われた。

だからRIZINを始める時には、次の三つの基本理念（三本の矢）を掲げた。

一、**「完結」キャリアにピリオドを打つファイターたちのために、最期を飾るに相応《ふさわ》しい熱のある舞台を築き上げること。**

一、**「息吹《いぶき》」次代の格闘技界を担う才能と野心のあるファイターたちがその魅力を存分に発揮し、飛躍《ひやく》できる舞台を創造すること。**

一、**「未来」格闘技フェデレーションとして世界各国に林立するプロモーションとアライアンスを組み、それぞれの団体が各国の文化や慣習を反映したその独自色を保っ**

たまま、プロモーションの枠を超えて最強を競い合う枠組みと舞台を確立すること。

格闘技界で、このような理念を掲げているプロモーションはどこにもない。しかしながら、1年経ち、2年経ち、5年も経過すると、だんだんその理念が具現化してくるものだ。そしてそれを実現するための方法がだんだん見えてきて、ファンにもそれが浸透してくるような気がしている。

また、RIZINを一団体として立ち上げて、既存の格闘技団体と競合するのではなく、競技会を主催することで、団体の垣根を越えたマッチメイクを実現するというフェデレーション構想も、サッカーに関わったことで生まれた。

世界一のクラブチームを決める、「FIFA《フィファ》クラブワールドカップ」を主催するFIFAのような存在にRIZINがなり、各団体に存在するチャンピオンが相まみえる場をつくりだすことで、格闘技界の未来を明るくすると確信している。

FC琉球は2013年にJリーグ加盟が認められ、2014年からJ3に参加が決まった。そのタイミングで私は退き、RIZIN旗揚げに奔走することになるのだが、FC琉球に携《たずさ》わった約6年間は、多くを学ぶかけがえのない時間となった。

発想の転換が熱狂を生む

２０１５年に、ＲＩＺＩＮとして格闘技界に復活することになった時、今さら格闘技界に戻ってきて自分に何ができるのか、今の格闘技界を見渡した時に何ができていないのかを考えた。そして、私たちが格闘技界に必要とされる存在になるためにはどうすべきかと考えた時に、**フェデレーション構想**に行き着いた。

この構想は、私がＦＣ琉球の社長に就任し、６年間ほどサッカー業界に関わるなかで思いついたことだ。サッカー界では、クラブチームの世界王者を決める「ＦＩＦＡクラブワールドカップ」が行われている（２０２３年までは毎年開催。２０２５年からは４年に一度の開催予定）。また、アジア・アフリカ・北中米カリブ海・南米・オセアニア・ヨーロッパと、各大陸リーグの最強クラブを決めるチャンピオンズリーグは、毎年開催される。

翻《ひるがえ》って格闘技界に目を向けた時、サッカー界と大きく違うのは何かと言えば、世界中の各団体ごとの順位決定戦しかできていないということだった。

格闘技ファンが期待し、淡い幻想を抱くのは、**ある団体のチャンピオンと、別の団体のチャンピオンが同じ階級で戦ったらどうなるのか**、ということだ。もし、各団体のチャンピオンたちが一つの競技会に出てきてくれれば、各プロモーションの権威や誇りを懸けることにもなり、プロモーションのナショナリズムもつくることができる。それを実現させるために、**私たちはフェデレーションとして、世界中に存在する団体に横串《よこぐし》を通したい**と考えた。

私は２００７年にＰＲＩＤＥの営業権を売却し、一度は格闘技界を離れた身だ。その間に韓国ではＲＯＡＤ《ロード》 ＦＣ《エフシー》が誕生した。一方で、日本国内に目を向けると、ＤＥＥＰ《ディープ》、パンクラス、修斗《しゅうと》など、それぞれに頑張っている国内プロモーションがある。

そのようななかで、その横に私たちが新たなプロモーションを立てて、選手を引き抜くようなことをしても意味がない。業界の将来を見据えた時に、我々が発展的に貢献できるとすれば、フェデレーション構想を持つことだ。

それは、2015年の段階では誰にもやれていないことだったからこそ、その役割を担うことができれば、RIZINの存在意義も生まれるのではないかと考えた。

そうした思いを込めて、RIZINファイティング〝プロモーション〟ではなく、RIZINファイティング〝フェデレーション〟と命名し、始動したのだ。

そして団体の選手を引き抜くのではなく、各団体の契約下にある選手たちを、所属はそのままに、RIZINに参戦してもらうことを交渉して回った。

団体の枠を超えて一つの場所に選手が集まることで、団体対抗戦も実現可能になる。それも、Aという団体とBという団体の対抗戦ではなく、世界中のあらゆる団体が出てくる〝競技会〟のようなイメージだ。その競技会をRIZINが主催し、世界中の団体が、垣根を越えてチャンピオンを送り込んでくる。まさに**サッカーのチャンピオンズリーグ、クラブワールドカップのようなことが格闘技界に起こせたなら、新しいイノベーションになる**のは間違いない。

こうした発想で実現したことの一つが、2022年大晦日のベラトールとの全面対抗戦だ。格闘技はあくまでも個人の戦いであり、チーム戦として見ることはない。

しかしながら、チーム・RIZIN対チーム・ベラトールとなると、選手個人ではなくRIZIN、あるいはベラトールというチームを応援する構造が生まれる。従来の各プロモーションのなかの順位決定戦とは全く異なる景色が見え、これまでとは違った新しい楽しみ方も提案できるはずだ。

あくまでもフェデレーションとして中立のリングを提供する立場にあり、団体を持たないということであれば、チーム・RIZINというのは、本来ならばおかしな話なのかもしれない。「THE MATCH 2022」のように、RISEとK-1が闘う場をRIZINが提供するというのが理想形ではある。

けれどもこの時のチーム・RIZINには、直接契約する選手もいれば、修斗、DEEP、ROAD FCなどに所属する選手もいて一緒にチームをつくって闘った。

もちろん、私たちにとってこれがゴールではない。まずは対抗戦を行うことによって、これまでとは違うエキサイティングな機会をつくったり、選手たちに特別なモチベーションが生まれたりする場を具現化することが重要だと考えている。

そしてその先には、**世界中のあらゆる団体の選手が、RIZINが主催するワールドグランプリに参戦するというのが、最終形としての目標**だ。

市場の熱が価値を決める

大会のスケジューリングとして、皆さんにシーズンをイメージしてもらえるように、RIZINでは**大晦日をシーズンのピークにすることを決めている。**その日にいくつかの階級のタイトルマッチを入れたり、GP《グランプリ》王者が決まる決勝戦を入れることで、1年間の総決算になるような大会に位置づけているのだ。

そもそも大晦日に格闘技の大会を行うようになったのは、2000年のこと。アントニオ猪木さんと一緒にスタートさせた、プロレスのイベント「INOKI《イノキ》 BOM-BA-YE《ボンバイエ》」を大阪ドームで開催したのがはじまりだ。

大晦日というのは、日本にとって1年間を締めくくる特別な日でもある。そしてその日は、紅白歌合戦や日本レコード大賞（2005年まで）といったエンターテインメントに触れるという王道の流れがあった。昭和の時代には、全国民の約80％が紅白歌合戦を見ていたこともあったほどだ。

それに比べれば、プロレスや格闘技はマイノリティーだったこともあり、紅白やレコ大に負けじと上位概念《じょういがいねん》に立ち向かっていくという構造がファンを燃えさせる。そうした熱をつくるため、「**大晦日に紅白をぶっつぶせ！**」という題目を掲げて挑んだ。

ふたを開けてみると、想像以上にそうした熱が生まれたことから、翌年も続けていこうという流れが生まれ、2001年には前年にできたばかりのさいたまスーパーアリーナを押さえた。以降、私が直接携わっていない年もあるが、大晦日のさいたまスーパーアリーナでの格闘技イベントは今に至るまで途切れることなくバトンをつないでこれている。さいたまスーパーアリーナの熱心な担当者が、格闘技のために大晦日はほかのイベントに渡さず、押さえてくれているのだ。さいたまスーパーアリーナと20年近く、連携できているというのは、実はすごいことであり、ありがたいことだ。このまま大晦日大会を続けることができ、30回目、40回目といった節目を意識できたなら、格闘技の歴史を積み重ねる上ではとても有意義だ。

2000年に初めて大阪ドームで「INOKI BOM-BA-YE」を開催した時には、シーズンのピークをつくろうとしていたわけではない。

大晦日をシーズンの締めくくりと捉えるようになったキッカケは、「INOKI BOM-BA-YE」に加えて、「Dynamite!!」「PRIDE男祭り」と三つのイベントが行われ、視聴率争いとなった2003年頃から。大晦日にフジテレビと組んで紅白歌合戦の裏で数字のとれるコンテンツをつくることが命題として掲げられるようになったことで、大晦日にピークをつくる意識を持つようになった。

あえて大晦日をシーズンのピークとして、より明確に打ち出していこうと考えるようになったのは、RIZINがスタートしてからの話だ。

そのほかのメジャースポーツと肩を並べていくために、メジャースポーツをマーケティングしてみると、それらには必ずシーズンのピークがあり、その時は爆発的に売り上げが伸びることが分かっている。

例えば**北米の4大プロスポーツリーグは、必ずシーズンのピークがある。**NHLのプレーオフやMLBのワールドシリーズ、NBAファイナル、そしてNFLのスーパーボウルと、シーズン終盤に差し掛かるほど、大きな盛り上がりを見せる。

あるいは、WWEが年に一度、毎年4月に開催するレッスルマニアは、プロレスの興行としては世界最大とされている。

格闘技の試合も、そういうメリハリをつけたほうがいい。どこの団体も、そういったことは今のところ提唱《ていしょう》していないが、私は格闘技をメジャー化していく上では絶対に必要だと考えている。そして何度も言うように、格闘技界にも、サッカーでいうFIFAクラブワールドカップやチャンピオンズリーグのような大会ができるのが理想だ。

これは、PRIDEをUFCに売却する時から言っていることでもある。「UFCのチャンピオンとPRIDEのチャンピオンで、2年に一度でもいいから対抗戦を行い、それをメガファイトにしよう。そうすれば、その時ばかりは世界中が注目して、PPVのチケット販売数も爆発的に伸びる可能性がある」と。

オリンピックやワールドカップのように、4年に一度で構わないので、UFCを先頭に、全世界の名だたるプロモーションが横一線に並び、世界中を驚かせるようなことができるといい。

その先駆けとして、少なくともRIZINのなかでは、**いわゆるシーズン制を確立させたい**と考えている。

サプライズとチャレンジが使命

大会チケットの価格は市場の雰囲気、つまり「**マーケットにどのくらいの熱があるか**」を見ながら決めている。タイミングや状況を鑑みながら設定するのだ。

ちなみに、PRIDEの時は、最前列から5列目までが最高額の10万円だった。

需要と供給に合わせて商品やサービスの価格を変える**ダイナミック・プライシング（価格変動制）**は、航空業界やホテル業界で採用されてきたが、近年はプロスポーツ界でも導入されつつある。日本でもプロ野球の一部チームやJリーグ、Bリーグなどで取り入れられている。

かなり高額な価格設定をした「THE MATCH 2022」の場合は、最高額の

ＶＶＩＰ《ブイブイアイピー》１列席が３００万円で、以下、ＶＶＩＰ２列席２００万円、ＶＶＩＰ３列席１００万円、ＶＩＰ席30万円、ＳＲＳ《スペシャルロイヤルシート》席10万円、ＲＳ《ロイヤルシート》席５万円、ＳＳ席３万円、Ｓ席２万５０００円、Ａ席１万５０００円とした。それでも抽選先行予約の段階で完売し、追加席の販売も行った。

この大会はとにかく注目度が高く、那須川天心対武尊の対戦を発表した時点からチケットの問い合わせがすさまじかった。

チケット情報を公開する前に、スポンサーのほうから「最前列の席は、いくらになりますか？」と聞かれたこともあったし、「金額は問わないから、最前列のチケットを譲ってほしい」「チケットを先に押さえられないか」といった関係者からの問い合わせが殺到《さっとう》した。

そうはいっても、最前列の席数は限られている（ＴＨＥ ＭＡＴＣＨ ２０２２は約70席）。それをどのくらいの価格に設定して、誰に買ってもらうのかというのは、とても難しい問題だ。

主催者側としては、チケットを欲しいと思う人になるべく買ってもらいたいなかで、どうにかして最前列のチケットを手に入れたいという人たちの購買意欲を抑制しなければならず、そうしないと収拾がつかないほどだったのだ。

その点でいうと、ＶＶＩＰ１列席は５００万円くらいにしておいたほうが良かったのではないかと思っている。そうすることで「最前列に座りたいけれど、その金額はさすがに無理」と諦める人が出てくるからだ。

「チケットが５００万？」と思われるかもしれないが、上には上がいるもので、**フロイド・メイウェザー対マニー・パッキャオの一戦は、最前列席が最高約７００万円、なかには転売の末に４０００万円超になった席もあった**と聞く。

それもマーケットの熱。それだけ払ってでもチケットが欲しいと思えば、そういう金額になってしまうのだ。

販売できるチケットの枚数は限られているから、私たちが10万円だ、50万円だ、いや１００万円だと言って売り出したとしても、市場では勝手に跳ね上がる。メイウェザーと天心が対戦した時には、10万円のチケットがフリマアプリで80万円ほどで売り買いされていたと聞いた。

チケットの転売を阻止するシステムづくりは、喫緊《きっきん》の課題でもある。

そのチャレンジの一つが、メイウェザーと朝倉未来が対戦した超《スーパー》ＲＩＺＩＮで、４

枚限定で販売した**体験型ＮＦＴデジタルチケット**だ。

チケットをＮＦＴにすると販売履歴がすべて残るため、転売を抑止し、偽造チケットなどの被害を減らせる。また、チケットに様々な特典を付与することができ、チケットを継続的に保有すれば、その特典を受けることができる。

その時に販売したＮＦＴデジタルチケットは、最前列で試合を観戦できるほか、大会の写真を収めたデジタルフォトブックや、試合後の選手の特別映像が視聴可能という所有者限定の特典がついているもので、国内の格闘技界では初の試みだった。

ＮＦＴデジタルチケットの特徴は二次流通が可能なことで、大会が終了した後もチケットの売買が行える。大会後にチケットを入手した人は、所有者限定特典を楽しむことができるのだ。

オークション形式で販売し、スタート価格は１００万円に設定した。最終的にどのくらいの価格になるのか想像もつかなかったが、最高金額は４００万円を超えた。

今後は、販売するすべてのチケットをＮＦＴ付きの価格変動式にして、上がった金額や成立した金額がプロモーターに入ってくる（もちろん手数料を投じた上で）、というようなシステムになっていくかもしれない。

実現の為なら
安い頭はいくらでも
下げろ

〔第4章〕

未来を切り開く為に挑戦し続けろ

メイド・イン・ジャパンの強み

新型コロナウイルス感染症が落ち着いてきたこれから、私たちは海外への進出、特に北米進出を積極的に推し進めていきたいと考えている。

そのための水先案内人《みずさきあんないにん》の一人が、フロイド・メイウェザーだ。メイウェザー・プロモーションと連携することで、ＲＩＺＩＮのアメリカ大会開催についても、話題性や注目を集めることができるようになると期待している。

やはり**メイド・イン・ジャパンの団体として世界市場、特に北米市場ではきちんとしたシェアを取りたい。**私たちは、そもそもそういうコンセプトの下に、ＲＩＺＩＮ

という格闘技ブランドを立ち上げた。メイド・イン・ジャパンらしく、日本の選手たちが参加しやすく、日本のファンが見やすい舞台をつくり続けたいと思っている。

もちろん実力のある選手なら、日本にＲＩＺＩＮがなかったとしても、ＵＦＣやベラトールに出るチャンスがあると思う。では、ＵＦＣやベラトールが日本のマーケットや日本のメディアに向けて舞台をつくるかといえば、つくらない。

それゆえ、これまでもそこに出ていく日本人選手たちが世界チャンピオンになったとしても、残念ながら、一般的な知名度は高まっていかないのだ。

現在、ＲＩＺＩＮで活躍する浜崎《はまさき》朱加《あやか》も、北米の女子総合格闘技団体であるＩｎｖｉｃｔａ《インヴィクタ》 ＦＣ《エフシー》のアトム級王座を獲得しているのだが、当時は全く知られていなかったのが、何とも歯がゆい。

今は全世界のそれぞれの国に、人気があり、その地域に根づいた格闘の舞台が誕生しているため、誰もが自国のローカル格闘技イベントで一定の満足は得ていると思う。

だからこそ、各国にあるローカルのプロモーションとは別に、世界中の人たちにも興味を持ってもらえるような選手をピックアップして、舞台をつくり、最終的には北米でしっかりと認知度を高めて、マーケットを手に入れることが目標だ。

きっとＲＩＺＩＮの経済効果を私たちが大きくしない限り、巨大かつ肥沃《ひよく》なマーケットのある北米の団体には太刀打ちができない。そこで今後は、私たちもワールドワイドに選手たちをキャスティングしようと考えている。

そして、「**いかに経済効果を大きくするか＝北米のマーケットにどうやってリーチしていくか**」——これが、私たちが２０１５年の旗揚げ以降、目指し続けているＲＩＺＩＮの未来には不可欠な戦略なのだと思う。

ただし、ＵＦＣを見ても、ベラトールを見ても、ＲＩＺＩＮが絶対に敵《かな》わないということは決してない。なかでも、ソフトをつくることに関しては、私たちはユニークでオリジナリティがある。ＵＦＣやベラトールよりも、ショーの完成度は高く、エンターテインメントとしてはズバ抜けているといっていい。

まずは国内での圧倒的な求心力を獲得すること。日本は北米の5分の1ほどのマーケットがある。日本のマーケットをホームとして、日本の団体をベースとしたものがアメリカに渡っていけば、十分に闘えるんじゃないかという気がしている。

すなわち私たちの企業努力によって、北米においてもＲＩＺＩＮという世界観で確実に熱狂を生み出せると思っている。

日本の格闘エンターテインメントコンテンツは、**サムライの文化を象徴するように、武道をはじめ日本発祥のものが世界で伝承している。**柔術、空手をはじめ、あらゆる武道がサムライの時代に日本で誕生し、その武道が世界中に伝承しているということは、世界中からリスペクトしてもらえる歴史と文化を持つアドバンテージがあるということだ。

こうしたＭＡＤＥ ｉｎ ＪＡＰＡＮコンテンツのアドバンテージを生かすことで、世界という巨大マーケットに打って出たい。言語の問題もあるにはあるが、チャレンジはできるだろうと思っているし、十分に太刀打ちできる。そして、世界の人たちを熱狂させられる自信がある。

ＲＩＺＩＮのベルト、そしてそれを保持するチャンピオンを頂点として、選手の闘いを見せるのもいいだろう。そうしたトーナメントやグランプリ、リーグ戦などのゲーム性をさらに高めていくことによって、勝負の見方が変わったり、試合に出る人たちの数がさらに増える可能性のある企画には、積極的にチャレンジしていきたい。

時には黒子《くろこ》に徹する

私はプロモーターとして、それを生業《なりわい》にしている以上、ファンが求めるものを形にしなければならない。ファンがそこまで強く求めていなくても、「**私たちはこういうことがしたい**」という未来を示していくことが必要になる。

その点において、那須川天心対武尊の一戦ほど待望論が出たカードは、後にも先にもない。

プロモーターという立場にありながら、それほどまでにこの試合が見たいという声があるにもかかわらず、見て見ぬふりをすることはできない。実現に向けたハードルは数多あったが、いずれも越えられないものではないはずだという一心で、時間をかけて粘り強く交渉を続けた。

私たちの仕事は、観客が見たいものを実現させること、それに尽きる。その使命から逃げずにやってきた結果、実を結んだということだ。

このカードは、**私がプロデュースした舞台を用意し、RISEとK-1のチャンピオンが雌雄《しゆう》を決するという、RIZINを立ち上げた時に掲げたフェデレーション構想のまさに理想形**といえる。

とはいえ、RISE、K-1、そしてRIZINと、それぞれのブランディングや面白さがある一方で、その垣根を取り払った時の爆発力のすさまじさは、お互いに理解していたので、そこはしっかりと摺《す》り合わせるほかなかった。

三つの組織が互いに協力し合えたから、もっといえば業界全体が、自分たちのなかのルールやこだわりを時には少し曲げ、時には譲歩したから、実現に至ったのだ。

実際にやってみて分かったのは、一つの社会現象になるくらい多くの人たちに見てもらえたことが、格闘技の底上げにつながり、その存在感を十分に示せたということ。

天心や武尊にあこがれる子どもたちに試合を見せられたことは、将来に向けた大切な種まきにもなった。

「THE MATCH 2022」の開催が決まってからは、RISEやK‐1はもちろん、そのほかの団体も含めて、キックボクシング界の選手たちに「俺もTHE MATCHに出たい」というモチベーションをつくることができたと感じている。また、「各団体主催の試合で勝ってアピールすることで、自分も東京ドームの舞台に立ちたい」という強い思いが、結果的に各団体の大会そのものを活性化させた。

何より、天心にしても武尊にしても、自分たちがやっている競技で東京ドームをフルハウスにして、そのメインイベントの舞台に立ったことは、大きな自信と特別な経験になったのではないだろうか。

「THE MATCH 2022」の1年前にRIZINを開催してはいるが、コロナ禍ということもあって1万人しか入れることができなかったから、東京ドームに観客がギュウギュウに入った空間を、現役選手はもちろん、関係者でさえほぼ経験していなかった。

そういう意味では、選手にとっても、運営サイドにとっても、次に世代交代していく上でとても大切な機会になったと言える。

今回の一戦が、今後に向けた明確な目標になる。

それが私たちとしては最も大きな開催意義になったかもしれない。

もう一つ意識していたのは、「ＴＨＥ ＭＡＴＣＨ ２０２２」は確かに私が起点となり、中心に立って実現につながった大会だが、当日は黒子に徹したということ。

私がプロデュースしたのは事実だが、ＲＩＳＥやＫ-１をはじめ、みんなで大会をつくりだすことがコンセプトだったから、ＲＩＺＩＮという名前を出す必要性を感じていなかったし、私自身が必要以上に表に出る気もなかった。

もちろん役割として、私がいることで、ＲＩＳＥとＫ-１、あるいは天心と武尊の間でバランスが取れるのなら、いたほうがいいかもしれない。ただ、その機会は極力少ないほうが良いだろうとも思っていた。だから記者会見に関しても、天心と武尊の二人がいればいいと判断し、できるだけ目立たないようにしていた。

天心対武尊でスタートしたＴＨＥ ＭＡＴＣＨ。大変なのは、次のＴＨＥ ＭＡＴＣＨだ。今回の一戦に匹敵《ひってき》するようなカードが組めない限りは、なかなか開催できないだろう。

天心対武尊に見劣りしないようなマッチメイクを実現できるのかは、ＲＩＺＩＮにとっても大きな宿題だ。

15秒の法則

タイムパフォーマンスを重視する今は、いろいろなものが切り取られる時代だ。例えば日本で10代、20代の若年層を中心に人気のTikTokは、たった15秒という短い時間で完結する。

現代のヒットの法則は、「15秒以内」。

15秒のなかで、みんなを虜《とりこ》にするようなアクションやムーブ、表情など、あらゆる表現ができるかどうかに懸かっているのだ。

以前、アメリカへ行った時に、TikTokインフルエンサーが、「今の時代は15秒にどれだけのインパクトを残せるかだ」と話していた。

つまり、「**15秒のインパクトをどのようにしてつくるか**」が重要ということだ。

私も最近は、毎晩のようにＴｉｋＴｏｋを見ているが、これがなかなかやめられない。次から次へといろいろな動画が流れてきて、いつまでも見ていられる。

ただ、よっぽど気になったものなら別だが、長いものはやっぱり見ない。

その点でいうと、前述したが、格闘技はとても切り取りやすいコンテンツだ。そのことがよく分かるのが、フロイド・メイウェザー対朝倉未来の試合だった。試合のハイライトシーンは公式で投稿するや否や超速で拡散された。

たった15秒の動画で、みんなが「えっ！」と思うようなものを、作品としてどれだけ残せるか。

それは、当然ながらアクションとしての部分も、表情としても、パフォーマンスとしてもそう。そういった一つ一つの表現力がものをいう。格闘技のリアルファイトのなかで、それをどこまで実行できるかということでは、高いレベルが求められるが、なかにはそれがちゃんとできる人たちもいるのだ。

しかも、短くてもインパクトのある動画は、それが**ノンバーバル（非言語）なものであればランゲージバリア（言葉の壁）を超えてくる。**リング上で試合をしている間、選手が何か言葉を発するということはないから、言葉を必要としない格闘技の試合シーンは、コンテンツとして、とても優秀といっていい。

現在、北米ではUFCが圧倒的にマーケットをドミネート（支配）している。とは言いながらも、試合の見せ方やマッチメイク、ドラマのつくり方といった演出次第では、そこに一矢報《いっしむく》いるものをつくりだせるのではないかと考えている。そういったチャレンジも、これから積極的にして行きたい。

今はベラトールやUFCが北米マーケットを完全に占有し、人気や求心力を有していることから、そこに現行のRIZINのソフト路線で、日本人選手を中心としたマッチメイクやドラマがデリバリーされたところで、見る気にならないだろう。

かつてはPRIDEを運営していた会社の社長だったとしても、あるいは、名物プロデューサーや、ドン・キングのような名物プロモーターだったとしても、ブームをつくるのは私自身ではない。RIZINの舞台で躍動する選手たちなのだ。

以前、FC琉球という沖縄のプロサッカークラブを経営していた時に、そのことを痛感した。

私は社長に就任すると、チームの総監督としてフィリップ・トルシエを招聘《しょうへい》した。

日韓ワールドカップで日本代表の指揮を取ったトルシエの総監督就任は、確かに一時的には話題になったのだが、結局は、チームは強いのか、試合に勝てるのか、そこにスター選手はいるのか、といったことが問われるようになる。チームの人気をつくるのは、やはり現役の選手たちなのだ。

これから、RIZINにとってビジネスチャンスが多く生まれる時代が来るはずだ。しかしながら、どんな世界でもそうだが、マーケットが大きくなるほど、人気が出るほど、足をすくわれることがある。

PRIDEの時にも後になって思ったことがある。

攻める力があることは大切だが、組織や企業としてのディフェンス力を、なるべく早いうちにつけておく必要がある、ということだ。

ディフェンスという意味では、むやみやたらな露出は控えたほうがいい。ビジネスとして考えた時には、人気がある時には観客も大勢入るから、沢山大会を開きたくなるし、選手たちに試合の機会をつくりたくなるもの。しかしながらここはバランスを取り、マーケットにどのくらいのボリューム感で出すのかは、よくよく考えなければならないのだ。

言葉ではなく行動で伝える

2022年9月25日、さいたまスーパーアリーナで開催した「The Battle Cats presents 超《スーパー》RIZIN」のメインイベントで、試合開始前に花束贈呈が行われた際、フロイド・メイウェザーに手渡されるはずの花束が、贈呈者によってリング上に投げ捨てられた。

いったい何が起こったのか、私たちもすぐには認識することができなかった。そもそも起こったことが理解不能だったし、試合直前ということもあり、その場はあえて行動を控えた。そして試合終了後にすぐさまリングサイドへ向かい、メイウェザーとセコンドについていたスタッフに謝罪すると、彼らは「気にするな」と答えた。

その後、控え室に戻った彼らのもとへ再度謝りに行った。ここでもメイウェザーたちは「起きてしまったことだし、仕方がない」と、改めて広い心で受け止めてくれた。この時はまだ、試合に勝ったことで彼も気分的に解放されていたのだろう。祝福を受けながら、試合後のインタビューを終えてホテルに戻ったようだった。

ところが、この大会はPPVや無料放送で世界に配信されていた。また、問題のシーンはSNSなどで急速に拡散されたこともあり、海外からメイウェザーや彼の関係者のもとに、クレームや非難のメールが殺到した。「何をしているんだ！　お前は差別されているんだぞ」「舐められているじゃないか」「どうして花を拾ったんだ？」と。これにはメイウェザーも「大好きな日本の人たちに、俺は受け入れられていないんじゃないか？」と落ち込んでしまったようで、その日の夜にホテルへ行き、会いたいと伝えたが、「気持ちの整理がつかない」と、彼が部屋から出てくることはなかった。ようやく顔を合わせることができたのは、翌日の夕食後。元気はなかったが「**また日本に戻ってくるから安心して欲しい**」と話してくれた。

それから5日後、会見の場で私は改めて謝罪の意を伝えた。

想定外の出来事だったと言い訳したところで、起きてしまったことは取り返しがつかない。あの場で起きたことの責任はＲＩＺＩＮにあるのだから、二度と同じようなことが起きないように最善の準備をすることを約束するとともに、あんな思いをさせたことに対し、メイウェザーや彼の関係者、ＲＩＺＩＮのリングに上がる選手たち、会場に観戦に来ていた方、ＰＰＶで視聴してくれた方たちに、心からお詫びするしかなかった。

どうすれば、こちらの謝罪の意が最もよく伝わるか。そう考えて選んだ方法が土下座だ。

いくら日本語でしゃべっても、たとえ英語で話したとしても、簡単には届かない。それならば、言葉ではなく、行動や態度で視覚的に伝えるのが一番だと考えたからだ。ビジュアルで伝える以上は、一分《いちぶ》の隙《すき》も見せてはならないと思った。

というのも、私の会見の前日の夜に、花束を投げ捨てた当人が、あるＹｏｕＴｕｂｅｒのチャンネルで謝罪動画を公開しており、そのなかでＹｏｕＴｕｂｅｒが、「謝罪をするのに、その服装やメガネはどうかと思います」と苦言を呈しているシーンがあった。

それならば、その人とは正反対の姿で会見の場に立ち、心からの謝罪とはこういうものだと見せようと決めた。

当日は黒のスーツを身につけ、ヒゲを剃り、髪を整えて会見に臨んだ。私が土下座をしようと思っていることは、2人のスタッフにしか伝えていなかったから、会場には緊張感が走った。「こんな雰囲気になるのか」と思いながら、私は頭を下げた。

謝罪後、海外の友達から「ニー・ダウンしたのか？」とか、「見たよ」といった連絡が届いたが、最もビビッドな反応を見せたのは選手たちかもしれない。社員に聞いた話では、私の姿を見て少なからずショックを受けた選手もいたらしい。「榊原さんにあそこまでさせるのか」と話す選手は多かったようだ。

もちろんあんなことは起きないのが一番だが、もし、何らかのアクシデントが起きた時、どのように対応すべきか、どのように振る舞うべきかというのは、なかなか難しいもの。それでも、**誠心誠意の言葉と行動で示すことや、相手の思うツボにならないよう、冷静に対応することが求められる**のではないだろうか。

忍耐力と情熱のバランス

気づけば、私も還暦。

気持ちはまだまだ若いが、体は正直なもので、だんだん自由が利かなくなってきているように感じる。

ダナ・ホワイトやスコット・コーカーとは、今後どういう仕掛けを展開していくのかという方向性の共有はしているものの、彼らもまた同世代だ。

いつまでも今のポジションにはいられないし、カッコ悪くしがみつきたくもない。

そろそろ後継者探しや後進の育成について、本気で取り組まなければならない段階にきている。

選手は放っておいても新世代が出てくるものだが、運営サイドに関しては選手のようにはいかないのが実際のところだ。

誰にでもそのチャンスはあるのだが、強《し》いて言うなら、**朝倉未来にはそういった才能がある**と見ている。

普通なら、現役のアスリートであるうちは、自分のことだけに一生懸命なものだ。自分が誰と試合をするのか、何番目に試合をするのか、ファイトマネーはいくらもらえるのか。気になって当たり前だし、それで何ら問題はない。

けれども未来は、自分の試合もさることながら、全体に目を向けられる選手だ。彼が長男であることが関係しているかどうかは分からないが、俯瞰でものを見ることができていると思う。

仮に俯瞰でものが見えていたとしても、「俺は選手なんだから、全体を気にするのは自分の範疇《はんちゅう》じゃない」と思うのが普通だが、未来はそうではない。全体に対して、「こうしたら面白いんじゃないの」とか「榊原さん、ＲＩＺＩＮはもっとこういうふうにしたらいいと思うんだ」とか、「自分がこういう試合をすることで、ＲＩＺＩＮにはこういうメリットがある」といったことを、アイデアとして話していた。

それも、「Breaking Down《ブレイキングダウン》」を立ち上げる以前からだ。
選手に対しても、「この選手はああいうふうにしたほうがいい」「あの選手はここを直したほうがいい」と言う。プロモーター視点で選手の特徴を見抜く目がある。彼のそういう話を聞いていると、「よく分かっているんだな」と素直に感心してしまう。

自分の生かし方に関してもそうで、**自分を客観的に見られる視点**がある。

「RIZIN.17」で、未来は矢地《やち》祐介《ゆうすけ》と対戦することになった。未来は身長が177cmあるので、私としてはフェザー級（66kg以下）よりも、1階級上のライト級（71kg以下）でやらせたかった。本人にも「未来、絶対ライト級でやったほうがいいよ」と話したが、「いや。自分は無理をしてでも66kgに落としたほうが、世界と向き合う上では絶対に良いと思う」と、首を縦に振らなかった。

RIZINにとって、海外の選手を迎え撃てる選手が必要であるということを、未来は強く感じていたのだろう。それを踏まえた上で、あえてフェザー級を選べるのは、やはり全体を俯瞰できているからだといえる。

何よりファイターとしての実績もあるから、話に説得力がある。本人の気持ち次第だが、もし未来がプロモート業に興味があるなら、可能性は十分にあると思っている。

YouTuberとして活躍している様子を見ても、プロデュース能力が卓越《たくえつ》している。それに行動力もある。

プロモーターはプロデュース能力や行動力に加え、忍耐力も必要だ。少なくともプロモーターは「俺が、俺が」というように、我《が》が強くては務まらない。

相手と丁々発止《ちょうちょうはっし》のやり取りをしつつ、どこかで折り合いをつけ、譲るところは譲らなければならない。自己顕示欲やプライドは二の次、三の次にしないと、みんなが見たいもの、みんなが熱狂するものを生み出すことはできない。

ただし、未来と話すことで、自身の引き際を考えさせられることがあったかといえば、それはまだない。可能性があるとは思うが、そこは選手としての能力、パフォーマンスとは全く違うものが必要。ファイターではない部分で、前述した忍耐力や、胆力《たんりょく》といったものが未来にどのくらいあるのかは分からないから。

それに、プロモーターとしてやっていくためには、苦い経験や挫折《ざせつ》の経験も必要。順風満帆《じゅんぷうまんぱん》に進んでいけるほど簡単な仕事ではないということは、未来が本気でプロモーターとしてリスクを背負い立ち上がった時に感じることになると思う。

誰もが振り向く魅力的な人であれ

総合格闘技は、ほかのスポーツに比べると歴史が浅いし、やっていることのいかがわしさも若干異なる。だから、なかなかメジャースポーツになりきれない部分がある。野球やサッカーのように、100年、200年の歴史があるわけではないから、競技としての成熟度はまだまだ低い。戦後日本でテレビの普及とともに一大ブームを巻き起こしたプロレスがあり、その先に格闘技というものが生まれてきているが、**コンテンツをつくる側としては、世間との勝負だという意識がある。**世間の人たちを振り向かせなければならないと常に考えているのだ。

そんなことは、野球界やサッカー界にいる人は誰も考えない。もちろん、試合を観に来てくれるファンの人たちに向けた顧客サービスは一生懸命考えるが、世間に対して、賛否を生むようなことを仕掛けていこうとする**山っ気《やまっけ》（万が一の儲け・幸運を狙って、思い切って物事をしようとする心）**みたいなものはないはずだ。

一方で、私たちにはそれしかない。世間の人の視界に入ってナンボだと考えている。だからRIZINというものができ上がった今も、ある部分では**ハードコアなファンとの絆を裏切りながらも、世の中の人たちに興味を持ってもらえるようなエッセンスを加えていこうという意識が常にある。**

ほかのスポーツに比べると、格闘技がトレンドワードによく上がっていたり、そのなかで起きていることが、世間の人たちのSNS上にも上がってくる機会が多かったりする。それは、観客がRIZINのワンシーンを切り取って、「こんなことをやっているぞ」と言いたくなるようなネタづくりを、あえてしているところもあるからだ。

PRIDE初期、眠くなってしまうほどつまらなかった試合を、展開が起こる内容に変えていこうとする動きも、その一つだ。世界の主要団体では禁止技とされている、サッカーボールキックや4点ポジションでのヒザ蹴り、顔面への踏みつけなども解禁した。

選手に対して「こういう試合を心がけてほしい」と伝えていたし、ルールもどんどん変えていった。その根底には、選手のいいところを伸ばそうとする意図があったのだが、そのなかで実際に、我々が期待している以上に多くの人たちを魅了するようなパフォーマンスを見せられる選手が数多く出てきた。

それはRIZINにも受け継がれていることで、展開が起こりやすい試合にしたり、マッチメイクで選手同士の相性を考慮したりすることは、今も変わらない。そうすることで、ファンが求めるような試合になるのではないかと思う。

そのなかで、**インフルエンサーや発信力のある人、あるいは有名人が参画することも必要**だと思っている。

ありがたいことに、RIZINの観客のなかには、みんなが一目置くようなトップアーティストや著名人、独自の情報網や発信力を持っている人たちも一定数いて、会場の熱狂を外に発信してくれている。彼らが面白がってくれることも、トレンド入りする要因になっていることは事実だろう。それこそ格闘技に興味のない人たちにとっても、「あぁ、RIZINっていうのがあるんだな」「こんなことをやっているんだ」と見聞きする機会が自然と広がっているのだ。

一足飛《いっそくと》びにＲＩＺＩＮのファンになって、ＲＩＺＩＮのチケットを買ってくれるとか、我々の顧客になってもらえるとか、そういうことではない。それでもやはり、今の時代を先導し、ブームをつくり出す人たちの注目の場でなくてはならないという思いは強い。

そのためには、みんなに「ＲＩＺＩＮに関わりたい」と思ってもらえるほどに、**ＲＩＺＩＮが〝魅力的〟でなければ駄目**なのだ。

ＲＩＺＩＮにおける総合的な魅力づくりのなかで、どういうマッチメイクをするのか、どの選手を使っていくのかといったことを考える。ハードコアな一定層のファンであれば絶対的に、5年経っても、10年経っても、常にいてくれるとは思う。でも、それだけではマーケットは大きくなっていかない。

だからこそ、時代を動かすコンテンツをつくり、そこから何か新しい流行が起きたり、新しい言葉が世の中に拡散されていったりというように、ＲＩＺＩＮがブームの発信源になる必要があると思っている。

負ける勇気を持って勝ちに行く

1997年「PRIDE．1」の髙田延彦対ヒクソン・グレイシー戦で髙田さんが敗北を喫《きっ》したことは、関係者はもちろん、日本の格闘技界に大きな衝撃をもたらした。雌雄を決した瞬間は、本当に葬式のようだった。観客のなかには泣いている人もいたし、主催者である私たちでさえも、次に向かって立ち上がるエネルギーが湧かないほどにダメージを受けてしまった。

加えて、アントニオ猪木さんが「プロレス界で一番弱い奴が出て行った」と発言するなど、髙田さんは関係者や業界人から袋叩きに遭うこととなった。

けれども、敗戦の事実をそのまま抱え込むのは辛いから、**人は次に向けて動き出す**

ことに希望を見出す。希望があれば生きていける。

そうして希望の光を灯すことによって、次の需要が生まれた。

それが、1998年髙田対ヒクソンの再戦だ。

これについては髙田さんと私、お互いの思惑が一致したからこそ、一歩を踏み出せたと思っている。そこに至るまでにはだいぶ時間を要したものの、前に進むしかない状況のなかで進み始めたところでようやく、新たなエネルギーが生まれた。

結果的には、再戦でも勝ち名乗りを上げることはできなかったのだが、その後も興行を続けていくなかで、試行錯誤の末に学んだことがある。

「勝ちっぷり」と「負けっぷり」にこそ格闘技の美学があるということだ。

髙田さんの敗戦は、日本のプロレス界や格闘技界が、ある種幻想のようにつくりだしていたプロレス最強伝説を、わずか4分47秒で一瞬にしてすべてを払拭してしまった。そして、これまでの功績もすべて無に帰《き》した。

けれども、髙田さんにはものすごい覚悟があったと思う。勇気を持って、そこにすべてを懸けて戦いを挑んだ髙田延彦がいたからこそ、その先が生まれたのだ。

いつ、どの舞台で、誰に、どういう形で負けるのかというのは、神のみぞ知ることだ。そのなかで、試合に負けてもストーリーが生まれれば価値が出ることや、負け方によっては評価を上げるといった現象は、髙田対ヒクソンの後もしばしば見られた。

例えば「THE MATCH 2022」。那須川天心に負けたことで、武尊自身はその瞬間に、すべてが終わったと思ったかもしれない。けれども、武尊が本当にすべてを失ったかといえば、そんなことはないのだ。

だから本当に、負ける相手、負ける舞台、負け方を含めて、見ている人たちに何を与えられるかだと思っている。「この試合に勝てばこうなる。もし負けても、こうなるだろう」ということは、ある程度想定してマッチメイクするようになった部分はあるといっていい。

私が選手によく言うのは、「**負ける勇気を持って勝ちに行け**」ということ。

勝とうと思ったら、リスクを恐れずに攻めなければならない。たとえそれで負けたとしても、私たちが評価を落とすことはない。

むしろ、**勝つためにアグレッシブに攻めた結果、一本取られたとか、KOされたとかというような選手は評価が上がる**。

その一方で、ファンの感動を呼んだり、「もう1回見たい」と思わせたりするような試合でなかったなら、試合に勝ったとしても評価は下がる。

ファンにお金を払って見に来てもらっている試合だからこそ、会場の雰囲気に価値を委ねる部分もある。観客は素直だ。

プロのファイターなら、何千人、何万人という人たちが見に来ることで、あるいは画面の向こうで見られることで、初めて試合が成立するという責任感を持ってほしいと思っている。

もちろん勝ちたい気持ちは分かるし、家族から「お父さん、頑張ったね」「あなた、頑張ったわね」と言ってもらいたいものだろう。けれども、それでメシを食っているのなら、目の前にいる観客が熱狂し、感動して、「負けたけど頑張ったな！」と言ってくれる姿をつくりだせるのが、本当のトップアスリートであり、プロだ。

それを履き違えて、「いや、今日は勝ちたかったんですよ」と言われても、「そうだとしても、あんな試合を見せられたら、次はないよね」となるのは必然だ。みんなが見たくないものをマッチメイクすることはできない。

私は常にマーケットの声、観客の声に耳を傾けている。そして、**「負けたけれどあいつの試合がまた見たい」と言われる選手こそが、いい選手**なのだ。

挑戦し続ける
人生に価値がある

（第5章）延長戦　真実を語ります

断られてからが仕事

「ＴＨＥ ＭＡＴＣＨ ２０２２」の那須川天心対武尊の一戦は、実現にこぎつけるまでに、いったい何度断られたことだろうか。

特にこの交渉は、コロナが世界を恐怖に陥《おとしい》れる前からずっと続けていたものだったから、途中、何度も心が折れかけた。それでも、天心の格闘家としての人生はもちろん、男としての、一人の人間としての人生を考えた時にも、絶対にやったほうがいい、やるべきだと強く思っていたため、私は繰り返し説得を試みた。

天心、そして天心の周囲にいる多くの人たちに、「**この試合が実現することで、どういうことが起こるのか**」ということを理解してもらうには、たくさんの時間を要したし、全員が首を縦に振りやすい環境をつくるのにも苦心した。

同じイエスという返事でも、とても前向きな「イエス！」の場合もあれば、仕方なくの「……イエス」の時もある。「ＴＨＥ ＭＡＴＣＨ ２０２２」の天心サイドに関していえば、どちらかといえば後者の意味合いを含んでいた。

それでも終わってみれば、会場の東京ドームには約５万６０００人が詰めかけて超満員札止《ふだど》め、地上波放送ができなかったという事情はあるものの、ＰＰＶは50万件を超えた。「二人が闘うと、こんなことになるのか！」という現象をまざまざと見せつけられると同時に、みんながハッピーになれた。

このような結果が訪れると確信していたからこそ、諦めずにアタックし続けたのだが、その判断は間違っていなかったと胸を張って言える。

「断られてからが仕事」。これは、東海テレビ時代の尊敬する営業の先輩に言われていた言葉だが、本当にその通りだと思う。

一度断られたからといって、そこですごすごと引き下がるのではなく、**食い下がって２回、３回と話していくうちに風向きが変わることがある**からだ。

もしかしたら、こちらが何か提案をして断られた日は、たまたま相手の気分が落ち込んでいたのかもしれない。反対に、相手の気分がいい時に提案したことで、心を許してくれたり、トントン拍子に話が進んだりすることもあるだろう。

交渉は内容がすべてではなく、時に相手の気分にも左右される可能性があると思って、簡単に引き下がらないことが成功の秘訣だ。

ただし、交渉する相手は、一人だけではないことがほとんど。相手が組織なら、最終的にはトップの判断ですべてが決まる。

格闘技の世界も一緒だ。周囲の人たちが提案を好意的に受け取ることで、選手がイエスと言うこともあれば、周囲は「それならいいのではないか」という空気でいるのに、選手が一貫してノーと言い続けることもある。

あるいは、かたくなに「やらない」「ノー」と言い続けていたものが、選手を取り巻く環境や年齢など、様々な要素が変化することによって、ある日突然プラスの方向に流れが変わることもある。だから、交渉は簡単には諦められない。

交渉の席では、相手が日本人選手であっても、外国人選手であっても、相手がRIZINに何を求めているのかを敏感に感じ取り、理解することが重要だと考えている。最も大きなファクターとしては、やはりファイトマネーの話が分かりやすい。お金をいくら積まれても試合をするつもりがなければ、イエスと言うことはないし、反対に、金銭的な条件面で悩んでいることもある。

一方で、**経済的なメリットを提示するよりも、試合をすることの社会的意義や大義《たいぎ》名分《めいぶん》を伝えたほうが、相手の心をグッとつかめることもある。**

時には、交渉前に相手の出方をイメージして、あらかじめ用意しておいた提案が、実際に交渉の席についてみると、相手が求めているものではないこともある。その場合は**話をしていくなかで「この選手はそこにこだわっているんだな」というのが見えてくる**こともあるものだ。

そのため臨機応変《りんきおうへん》に、いろいろな角度のボールを投げることで相手のリアクションを窺う。そして、この選手を口説くポイントはどこにあるのか、どんな話を持ち出せば相手の琴線《きんせん》に触れることができるのかを判断していくようにしている。

当然のことながら、投げられるボールを沢山用意しておくこと、あるいはこちらが投げるべきボールをイメージしながら、話を進めることが重要だ。同時に、こちらが**どこまでなら譲歩できるのかということも計算し考えながら、話をすることも忘れてはならない。**

やらずに後悔するよりも
やって後悔

野球界の名将・野村克也《のむらかつや》さんの印象的な言葉に「**覚悟に勝る決断なし**」というものがある。野村さんは生前、「選手・監督時代を通して、私にはいくつもの危機があったけれど、それを乗り越えられたのはすべて、覚悟を決めたからだった。迷った時は覚悟を決めることだ」と語っていた。

私もこれまでにいくつものターニングポイントを迎えてきた。今の私があるのは、自分なりに覚悟を決め、決断をしてきたからだと思っている。

野村さんの言葉が私の心に最も深く突き刺さったのは、2003年1月。PRID

Eを運営していたＤＳＥ《ドリームステージエンターテインメント》の社長、森下直人《もりしたなおと》社長が亡くなった時だった。

森下社長が急逝《きゅうせい》したことで私自身も社員も、みんな途方に暮れた。役員と株主が集まり、今後について話し合いをするなかで、「**榊原君がやるしかないだろう**」という話になった。私はこの時、数ヵ月前にこれまで所属していた東海テレビ事業から独立したばかりで、サラリーマンとしての経験しかなく、何十人もの社員を抱える企業の社長としての経験や実績は持ち合わせていなかった。加えて以前、ある先輩から言われた「社長と副社長とでは、地球が一周するくらいその重たさが違う。社長は最後に自分で全責任を背負って決断しなくちゃいけないから」という言葉も思い出し、間違いなく人生で一番悩んだ。

森下社長から直接、経緯について説明があった上で「代表をやってくれ」という状況ではない。しかも、経営面については森下社長が担っていたから、通帳を見たこともないし、イベントごとの収支は分かっていても、会社全体の収支がどうなのかまでは詳しく把握していない。もし、森下社長しか知り得ていないような、とんでもない額の請求が来たり、経営者保証を交わして融資を受けていたりしたら、それを処理するのは当然、森下社長の後を引き継ぐ者の責務となる。そのような状況下で代表取締役就任を引き受けることは、決して簡単な話ではなかった。

悩みに悩み、人生相談所に行ってみようかと考えたこともある。悩んだ時、自分で自分の進路が決められない時に、人はそんな状況に陥るのではないだろうか。

野村さんの本を読んでいて冒頭の言葉に出合ったのは、そんな時だった。覚悟を決めることが決断につながるという野村さんの言葉に、「そうか、俺は今、覚悟を決めるしかないんだ」と背中を押された。

私が社長を引き受ける覚悟を決めれば、物事は再び動き出す。そもそもPRIDEは、自分が言い出しっぺで始めた事業であり、森下社長に拾ってもらったことで大きくすることはできたが、まだまだ志半ば。それならやろうと、最終的には「**やらずに後悔するくらいなら、やって後悔したほうがいい**」と、2週間ほどで決断に至った。

新体制発表前の3月16日に横浜アリーナで開催した「PRIDE.25」では、オープニングで「PRIDE NEVER DIE」の文字を掲げた。

その瞬間の、まるで地鳴りのようなファンの叫びが聞こえた時、自分が決断したことで、みんなが一つにまとまることができた気がした。会社も、スタッフも、選手も、ファンも、そこにいる全員が「**ここは俺たちが頑張ろう。新体制になっても前に進むために。一つになろう**」という思いを持ってくれたのではないかと感じている。そのくらい、この日の場内の熱はものすごかった。

その後、UFCにPRIDEを売却した時も、RIZINを命名する時も、かなり逡巡はしたけれど（RIZIN命名は、会見前日まで別の名前にしようと考えていた）、DSEを引き継ぐ時以上に悩んだり迷ったりしたことはない。

今は、**自分の身に降りかかったトラブルは、自分なら解決できるからこそ起こった試練だと考えるようにしている。解決できない問題が降ってくることはない**、と。

つまり、自分ではなく、ほかの仲間にトラブルが起こったのだとしたら、そのトラブルはその仲間になら解決できるということ。「〇〇なら大丈夫。解決できるよ」という話は、私が社員によくしていることの一つだ。

基本的には、物事をポジティブに考えるタイプだから、あまり悲観的になることはないかもしれない。やる前から諦めたり、嫌がったりすることは、もったいないという気持ちにさえなる。私自身が大きな転機のなかで思い至った「やらずに後悔するくらいなら、やって後悔したほうがいい」は、選手に対しても話す機会の多い言葉だ。

「まさか」というチャレンジが人を熱中させる

これまで、自分が見て面白いと感じるものをつくることに対して、ブレずに取り組んできた。**ファン目線と選手目線の両方をバランスよく取り入れる**ようにしている。ただ、最終的には自分の感性を信じているところもある。「こういうことをすると、ファンが求めているものに届くのではないか」と考えて判断しているのだ。

一口にファンといっても、コアなファンもいれば、ライトなファンもいる。どこに向けて、どういうカードを編成するかに頭を悩ませるわけだが、そこは一つの興行につき十数試合並べるなかでバランスを取るようにしている。「この大会はコアなファン層を裏切りつつ、ライトな層や新しいターゲットに向けて届けよう」という大会があったとしたら、その次の大会では、コアなファンの溜飲《りゅういん》を下げるようなカードで編成するといった具合だ。そのためにも対戦相手の組み合わせは重要になってくる。とはいえ、どちらかに大きく振りすぎることはしない。ファンにとって、どストライクのものを投げてみたり、時には変化球を放ってみたり、そこの匙加減は、マッチメイカーと一緒に最適解《さいてきかい》を導きだそうと試行錯誤している。

そのなかで、キーワードがあるとすれば〝チャレンジ〟ということだろう。

何かに新しくチャレンジするようなカードをどう組むのか。ファンは、その意図が分かれば必ず受け止めてくれるはずなので、予想できるようなカードはあえて並べず、**いい意味でファンを裏切ることが、私たちの使命**といえる。

RIZINを旗揚げ以降、チャレンジしたことといえば、キックボクシング出身の那須川天心に、RIZINデビュー戦を総合格闘技ルールでやらせるという無茶ブリを発動したことだろう。ちなみに、2戦目も総合格闘技ルールを採用している。

天心はそれまでキックボクシングしかやったことがなく、〝神童《しんどう》〟と呼ばれていた男だ。順調にいけば、間違いなくキックボクシングのスーパースターになる選手に、あえて違う競技でRIZINにデビューさせたのは、彼のキックボクシングの試合なら、それこそ所属元のＲＩＳＥで見ることができるからだ。あえて、ＲＩＺＩＮのリングに上がる以上は、天心にもチャレンジが必要だと考えた。

そして、彼のスケール感の大きさや、彼が周囲の選手たちとコミュニケーションをとるなかで志を高く持っていたことから、それならばロケットスタートをかましたほうがいいと判断した。おそらくファンもいい意味で裏切られただろうし、「まさか！」と思ったのではないだろうか。そう思わせるくらいのサプライズはあったほうがいい。それによってファンは熱狂してくれるのだ。

もちろん、天心が毎回無茶なチャレンジをしているわけではない。ただ、デビューのタイミングで**天心が総合格闘技にも臆することなく挑める、チャレンジングスピリットを持っている選手**であるということは、印象づけられたと思っている。

一方、コアなファンにしてみれば、オーソドックスなものも見たいもの。どストライクのパターンでいうと、堀口恭司が挙げられる。海を渡り、ＵＦＣにチャレンジする若手選手は、たびたび出てきているが、その先駆者といえるのが堀口だ。ＵＦＣのランキングで最高3位（フライ級）まで上り詰めた圧倒的な実力を持って、世界のメジャーリーグで戦っていたのだが、日本ではそこまで知名度が高くなかった。そういう選手をあえてＲＩＺＩＮという日本の舞台に戻すことで「実力測定の舞台」を用意したことも、一つの見どころとなった。

日本が世界で通用するという点では、私は軽量級にあまり将来性を感じられずにいた。見る者を驚かせるためには、神に選ばれし肉体を持った重量級の人たちの〝ど突き合い〟のほうが、迫力があるのは間違いない。

かといって、世界ランキングで3ケタに位置するような選手たちの寄せ集めでは、〝本物〟は見られない。そこで、**たとえ軽量級でも、実力があって世界に通用している堀口が戻ることで、本物を見せるだけでなく、バンタム級を磨くというチャレンジに出た。**

実際には、堀口が参戦することで、選手たちのＲＩＺＩＮで戦うことに対する目が、意識が、変わった。国内のトップアスリートたちが次々に「堀口と戦いたい」と手を挙げたし、海外からも「堀口がいるのなら俺も参戦したい」と言う選手が出てくるキッカケとなった。

堀口は、ＵＦＣとの契約が解除になったわけではなく、契約を更新せずにフリーエージェントとなっていたタイミングで交渉して獲得している。そのためプロモーションに際しては、そういった彼の本物感などもしっかりと伝えていこうと展開した。

リーダー気質とは何か

1963年11月18日、私は榊原家の長男として愛知県名古屋市に生まれ、半田市で育った。銀行員の厳格な父と、父とは対照的にとても優しい母に、2つ下と8つ下の妹、そして父方の祖母の6人家族だ。

我が家は家族で過ごす時間をとても大事にする家庭で、子どもの頃は特に、一緒に過ごす時間が多かった。朝、目が覚めると朝食が、家に帰ると夕食が、必ず用意されていた。母の「ごはんですよ」という声が掛かると、まずは父が食卓につく。そして必ず家族全員が集まってから「いただきます」の挨拶をして、食事が始まった。

サザエさん一家のようなイメージを思い浮かべるかもしれないが、**食事中の会話は**

一切なし。もちろん食事中にテレビを見ることも許されないので、家族団らんという雰囲気はなかった。幸いなことに「ごちそうさま」のタイミングは家族全員がそろっている必要はなかったから、**私はいつも猛スピードで食事をかき込むと、テレビのある部屋へ逃げ込んだ。**

高校生にもなると、生活スタイルは少しずつ変わっていったが、それでも部活帰りや休日に友達と外食するということもなく、食事はいつも家で食べていた。

私を誰よりも可愛がってくれたのが祖母だ。

それには父の兄、私にとっては伯父《おじ》が関係している。

伯父は16歳の時に自ら戦争に行くことを志願して、軍港として栄えていた広島県呉《くれ》市で海軍兵になるための訓練を受けていた。結局、一度も出征《しゅっせい》することなく終戦を迎え、復員したのだが、その後に結核で亡くなる。無事に戻ってきた息子を助けてやれなかった後悔から、祖母は伯父の写真を肌身離さず持ち歩いていた。

その伯父が亡くなったのが、11月18日なのだ。祖母にしてみれば、私は伯父の生まれ変わりというわけである。猫可愛がりするのも頷《うなず》ける話だ。

私の母は「初めての子ども、それも息子を自分の胸に抱きたくて仕方がないのに、おばあちゃんが離さなかったの」とよく話していた。

夜になると「ノブ君、寝ようね」と祖母に手を引かれ、まずは仏間へ行って、仏壇の前に座って一緒に般若心経《はんにゃしんぎょう》を唱える（そのおかげで、小学校に上がる頃には般若心経をそらんじることができた）。それが終わると寝室へ行き、祖母の好きな三波春夫《みなみはるお》のレコードを聴くのが幼い頃の日課だった。

私が成長してからも祖母は変わらず可愛がってくれた。**ずる賢い私は、大学生になってお金に困ると、祖母に泣きついてはお小遣いをもらっていた。**

晩年、祖母は認知症を患《わずら》い、自分の息子である親父のことも忘れてしまったが、私のことは最後の最後まで覚えていて、家族とコミュニケーションをとる時には、いつも私が間に入って通訳をしていた。

長男で、二人の妹がいたこともあるのかもしれないが、子どもの頃からリーダーシップを発揮して、みんなをまとめるのが得意なタイプだったと思う。小学校では6年間、毎年のように学級委員長に任命され、児童会では、副会長をやっていた。

田舎で生まれ育ち、小さな頃から仲間や近所の子どもたちと遊び回ることが多かったのだが、「○○をして遊ぼう」「川へ行って魚をとるぞ」「セミをつかまえに行こう」などと提案するのは、たいてい私だったし、この頃に熱中していたボーイスカウトでは班長だった。自然とそういうポジションに回ることが多かった気がする。

良くも悪くも諦めが悪く、一度始めると長続きする性格なのだが、ボーイスカウトのほかに頑張っていたのが、小学生の時に始めたサッカーだ。

足が速く、しかも左利きだったことから、チームでは重宝《ちょうほう》された。中学までは一貫して左フォワードでプレーしていたが、高校では左サイドバックを任された。左の底から何度も駆け上がってはオーバーラップして、攻撃にも積極的に参加するようなプレーヤーだった。小学生の時はキャプテンで、中学では副キャプテンを務めた。

高校は公立の進学校だったが、筑波大学サッカー部出身の先生が赴任《ふにん》してきたことでチームは強くなり、私たちの代は県ベスト16に終わったが、一つ下の代は県で準優勝した。中学の時にケガをして以降、高校でもケガとの闘いが続いた私は、思うようにプレーできず苦しんだ。それでも3年生の時にレギュラーの座をつかみはしたが、無為《むい》に過ごした高校3年間を、のちに後悔することとなる。

好奇心の育て方

みんなを楽しませることに面白さを見出したのは、格闘技というコンテンツに出合ってからだが、子どもの頃から楽しいことを企画するのは好きだった。

それには、**ボーイスカウトに入っていたことが大きく影響している**と思う。

学校でも、小学生の頃には学級委員長や、児童会副会長といった活動に、積極的に取り組んでいたタイプだった。

中学、高校になると、思春期にありがちだが、リーダーになって先頭に立つことに対して照れが出てきてしまい、「そんなこと、やってられねぇよ」というスタンスに突入していった。それでも根本的には、いろいろなことを企画したり、計画を立てたりすることは嫌いではなかったと思う。

ボーイスカウトの話に戻そう。

当時は地域的にもボーイスカウトの活動が盛んだったのか、周りの友達や同世代の子どもたちは、みんなボーイスカウトに入っていた。

私自身、小学校から高校まではボーイスカウトの活動に参加するか、サッカーをしているか、という感じだった。

ボーイスカウトでは、学校の教育のなかだと経験できないことにも沢山取り組んだ。

当時は一生懸命な指導者がいて、毎週のように班集会といって、7〜8人で構成される班のメンバーで公民館に集まった。そして、あらかじめ与えられたテーマに対してどんなプレゼンをするのか、というようなことを考えては、企画書としてまとめるようなこともしていた。

企画書とはいっても、それらはすべて遊びの延長みたいなものだったが、沢山のことを自分たちで決めて行動に移さなければならなかった。

例えば夏休みには1週間、キャンプへ出かける。山奥でキャンプをするのに、どのような課題に取り組むかを計画したり、どこにテントを張ったりするのか。ロッジがあるような場所ではないから、みんなでテントを設営し、夜は寝袋に包まれて川の字になって野営《やえい》した。

キャンプ地で班ごとに料理を競うとなると、自分たちの班では何をつくるのか、そのためにはどんな材料を持ち寄るのか、どのように調理して振る舞うのか、といったことを真剣に話し合った。

また、オリエンテーリングが行われる時には、山のなかで地図とコンパスを頼りに、班のみんなで力を合わせて目的地を目指した。

時には、手旗《てばた》信号を覚えて、遠く離れた仲間とも意思疎通を図れるようにしたり、あらゆるロープの結び方を覚えて、自分たちで張ったロープの上を這《は》って渡ったりもした。何十年も前の話だから当時の記憶はおぼろげだが、私が小学生の頃は自然に囲まれてそんなことばかりしていたものだ。

そういった経験は、今の子どもたちはあまりしないのだろうか？

ちなみに、日本のボーイスカウトは年齢層に応じて、ビーバースカウト（小学1〜2年生）、カブスカウト（小学3〜5年生）、ボーイスカウト（小学6年生〜中学3年生の8月）、ベンチャースカウト（中学3年生の9月〜17歳）、ローバースカウト（18

〜25歳）と、5つの部門で構成されている。

ローバースカウトまで到達すると、自分が小学生の頃にそうしてもらったように、指導者として子どもを引率《いんそつ》する立場になっていく。

私は自分が楽しむことが好きだったから、指導しなければならない立場がしっくりとこず、最後のほうはあまりまともに活動しなくなってしまったが、それでもローバースカウトになるまでは在籍し続けた。

就職活動の時期には、自分にどんな職業が適しているか分からず、建設会社から広告代理店、大手食品会社まで、あらゆる職業の採用試験を受けた。それでも根っこには、自分で企画したものを形にする仕事にあこがれる気持ちがあり、最終的にはテレビ局に入りたいと願うようになった。

ただし、私が興味を持ったのは番組を制作することではなく、イベントを企画すること。当時はテレビ局がイベントを打つことに積極的な時代だったのだ。

ボーイスカウトの活動で様々なテーマが課されたおかげで、創造力と行動力を養うことができた。学年が上がるとともに、**班長としてチームをまとめる機会が増え、コミュニケーション能力も鍛えられた。**それが今につながる力になっている。

仕事のストレスは仕事で解消しろ

高校時代のことだ。一言でいうならば、私はとても無気力な生徒で、パッとしない3年間を過ごした。

中学までは、定期テストの前に少し復習しておけば、学年のトップ10に入れるようなタイプだった。そこで高校は、受験勉強を頑張って進学校に入った。おそらく合格スレスレだっただろう。

その高校は、知多半島中の天才が集まるようなところで、全然勉強しているそぶりがないのに、パッと見ただけで文章が頭に入ってしまうとか、1回では無理でも2回読めば覚えてしまうといったような生徒ばかりだった。どちらかといえば才能がなく努力するしかない私は、それでも一応頑張るのだが、全くついていけない。**もともとの脳のつくりが違うとしか思えなかった。**

また、私はボーイスカウトと並行してサッカーをやっていた。自分で言うのもおかしいが、結構イケている選手だった。それが、中学生の時にヒザをケガしてしまったことで、状況は一変した。ケガの影響で思うようなプレーがだんだんできなくなってしまったが、それでも高校ではケガを抱えながら必死にサッカーを続けた。

勉強にしても、スポーツにしても、とにかくいろいろなことから逃げる理由を探していたのが、私の高校時代だ。

一事が万事、そんな調子だったから、当然ながら大学入試でも失敗する。

実をいうと、第1志望は早稲田大学で、そのほかにも関東の有名私大を併願していたのだが、すべて不合格という結果に終わった。高校3年間、勉強から逃げていたのだから、当然の結果だ。

浪人《ろうにん》時代は、予備校の早稲田選抜コースというような名前のコースを受講し、1年間、早稲田大学の傾向と対策にひたすら取り組んだ。だから2度目の受験は、もう自信満々（笑）。入試が終わった瞬間から、合格を信じて疑わなかった。

ところが、結果は不合格。間違いなんじゃないかと思って、大学へ直接聞きに行こうとして思い留まったのは、前述した通りだ。この時、唯一合格をもらえたのが、地元の愛知大学だった。

諦めの悪い私は、「もう1年挑戦させてほしい」と言ったのだが、「駄目だ。お前を拾ってくれる大学があるんだから、そこに行きなさい」と親父に反対され、しぶしぶ愛知大学への進学を決めた。

高校3年間、精いっぱい取り組んでいたら、力を出し尽くすことができていたら、後悔はしなかったはずだ。それだけやっての合格なら、たとえそれが第1志望の大学じゃなくても喜べただろう。けれども、頑張ったという実感が何一つない高校時代を過ごしているから、「こんなはずじゃない」という思いが拭えないし、現実を受け入れられない。

当時は本当にダサかったし、改めて振り返っても後悔しかない。**目の前のことから逃げずに向き合い、自分のストロングポイントもウイークポイントも、しっかり自分自身で分析して、その時に何をするべきかと考えるべき**だった。

ただ、今となってはそれでよかったと思っている。何故なら、大学に入ってあるスポーツに出合うことで、高校時代の自分のダサさに気づくことができたし、**一番入りたかった大学に入れていないコンプレックスが、今の自分をつくりだしている**からだ。

今も上手くいかないことはたくさんあるけれど、落ち込むことはない。

そもそも、落ち込んだり、何かでストレスを発散させたりする必要はないと思っている。誰もが日々、多かれ少なかれ何らかのストレスを受けているものだ。だが、そのストレスを好きなことや、黙々と集中できる何かをして発散したからといって、それはごまかしているだけにすぎない。結局はストレスの根源に決着をつけない限り、ゼロになることはないのだ。逃げずに正面から解決に向けて動くしかない。

仕事で受けるストレスは、仕事でしか解消できない。

ゴルフをやっても、お酒を飲んでも、トラブルが解決しないうちは頭の片隅でそのことを考えているはずだ。それなら、まずはしっかりと向き合って、トラブルをきちんと解決してからゴルフやお酒を楽しんだほうがいい。

そんな経験から、私はすっかりゴルフをやめてしまったし、会食の席以外でお酒を嗜《たしな》むこともなくなってしまった。

〝得意〟と〝好き〟を見極めろ

プロモーターとして格闘技界に携わってきたこれまでの人生を一言で表すならば、「楽しい」に尽きる。今現在も、楽しくて仕方がない。

けれども、もし生まれ変わったとしたら、今とは全く違う人生を歩んでみたいと思う。それはこの先の現実的な問題として、RIZINの代表を退いた後も一緒だ。

格闘技の世界からきれいさっぱり身を引いたら、やってみたいことがある。

陶芸だ。

私は手先がとても器用で、小さい頃から自分で何かをつくることが大好きだった。特に立体のものをつくるのが好きで、若い頃に粘土で創作活動をしていたこともある。

大学4年生の時、それも**就職活動が終わったタイミングで、実はケーキ職人になろうかと悩み、本気で考えていた時期があった。**まだ、〝パティシエ〟という言葉が使われるようになる前の話だ。

手先が器用という自分の特性を生かせるというだけでなく、自分の店を持って経営することにも興味を抱くようになり、実際に製菓専門学校の資料を取り寄せただけでなく、ケーキ店でアルバイトまで始めてしまった。

ところが、そのアルバイトは3カ月しかもたなかった。生きていくためにものをつくりだすという行為は、とても辛くて大変なことだと痛感したからだ。

ものをつくる喜びが生きていくための対価になればよいのだが、そんな人はごくわずかなのだ。大半の人は、今日の売り上げを増やすために、一番やりたいことを諦めて、やりたくないことをやらなければならない。

私がアルバイトをしていた田舎のケーキ店のオーナーは、本当に腕の良いケーキ職人だったが、ケーキだけでは食べていけないから、早朝4時頃からパンを焼く。みんなが仕事や学校へ行く時間に、店頭に焼きたてのパンを並べるためだ。

私も朝4時に出勤して、パンを焼くのを手伝った。眠い目をこすりながら、サンドイッチをつくるために山盛りのゆで卵の殻《から》をむくのだが、ゆでたての卵のあまりの熱さに、眠気は一気に吹き飛んだ。

だが次第に、「これは本当に自分がしたいことなのか」と自問するようになり、そういう現実を目の当たりにして、「ちょっと違うかもしれない」と悟った。何十年も、毎朝ゆで卵の殻をむき続ける人生は自分にはつまらないと思ってしまったのだ。

手先の器用さを生かすことは、仕事としてではなく趣味としてやればいい。そうすれば年を取ってからいくらでもできる。

この時は、**ものをつくりだすことの大変さを身をもって体験できた**ことが、私にとってはとても大きなことだったと思う。

それと同時に、東海テレビ事業で自分に何ができるのかということに、思考を切り替えることもできた。

そもそも20代の頃なんて、自分に向いている仕事が何かなど、分からなくて当たり前だ。そのなかで、やりたいことを見つけようと思ったら、結局、目の前にある仕事を全力でやるしかない。

実際のところ、東海テレビ事業での仕事は、やりがいもあったし充実していた。

格闘技というコンテンツと出合ってからも、いろいろな企画をプロデュースして事業展開していた。東海テレビ事業を退職後も、格闘技以外の世界も見てみたいという気持ちから、PRIDEの代表取締役に就任するまでの間に、株式会社うぼんを創設し、RIZINをやるようになるまでの間、GACKTとコンサートや舞台の企画・制作をしたり、市川海老蔵《いちかわえびぞう》（現・十三代目 市川團十郎《だんじゅうろう》 白猿《はくえん》）や中村獅童《なかむらしどう》らと六本木歌舞伎をプロデュースしたりしたこともあった。

PRIDE時代も、そしてRIZINを立ち上げてからも、あるいは格闘技以外の事業に関しても、ゼロからライブエンターテインメントをつくり続けてきた自負がある。そう考えると、プロデュース業、プロモーター業というのは、私にとってこれ以上ないほどにマッチした職業といえるのかもしれない。

ケーキ職人の世界からは早々にドロップアウトしてしまったが、第2の人生で始めようとしている陶芸は、まさに趣味以外の何物でもない。**生きるための手段ではなく、自分のつくりたいものを、好きなようにつくることができる。**

果たして陶芸が終の趣味になるのかどうか、今から楽しみだ。

挫折と達成を手に入れろ

興味があるものには億劫《おっくう》にならずに、自分なりに関わってみたほうがいい。そうすることで、「これは想像以上に面白い」と思えることもあるだろうし、「実際つまらないな」と思うこともあるかもしれない。いずれにせよ、やってみないことには分からないのだ。

私だって、10代や20代の頃には、まさか将来自分が格闘技のプロモーターをやっているなんて、想像もしていなかった。想像の域をはるかに超えたところに、今の現実がある。けれどもそれは、起こった出来事に対して、そのつど自分自身で判断し、選択したことの積み重ねの結果でしかない。

一度やろうと決めたことは、自分が「まいった」と言わない限り、何とかなるものだ。諦めずに、やり切るという信念を持って動くことを大切にしたい。

ただし、**何かを選択する時には、自分のなかでルールを決めておいたほうがいい**と思う。一番厳しい道を選ぶという人もいるだろうし、一番お金になる道を選ぶという人もいるだろう。

私の場合は「**どうすれば多くの人たちの感動や興奮を呼び起こすことができるか**」。それは、サラリーマン時代から今も変わらずに、選択を迫られた時の基準となっている。PRIDEの時も、RIZINを立ち上げてからも、あるいは格闘技界から離れている間も、ピンチは幾度もあった。それでも、そのたびに何とか乗り越えてきたし、失敗に終わったとしても、腐ることなく這い上がろうと、もがいた。

どのように乗り越えてきたのかと問われれば、「行き当たりばったり」という言葉がしっくりくる。行き当たりばったり戦法は、得意技の一つといっていい。

でも、そこに本質がある。何事も、やってみなければ分からないからだ。

行き当たりばったりというと、計画性がないとか、考えが足りないとか、悪いニュアンスで使われることが多いが、私は全く悪いことではないと思っている。

一番良くないのは、行かないことだ。「犬も歩けば棒に当たる」という諺《ことわざ》は、「何かをしようとすれば災難に遭うことも多い」というたとえであると同時に、「**何でもいいからやってみれば思わぬ幸運に遭遇する**」ことのたとえでもある。

それに、一度逃げることを覚えると、それが癖になる。命を奪われるようなことにでもならない限り（そんなことはほとんどない）、自分の信じた道を突き進むべきだ。

そのためには信念を曲げずに、自分に「何事もやり切る」という暗示《あんじ》をかけ、自らを奮《ふる》い立たせて、いろいろな人と向き合っていくことが大切だ。

逃げたくなる気持ちは分かるし、私だって逃げたいと思うこともある。けれども、逃げたところで問題は何も解決しない。だから、どんなに憂鬱《ゆううつ》でも、しんどいと思っても向き合うしかない。

私は高校時代、学業からも、サッカーからも逃げた。何かを言い訳にして、一番の問題から少し距離をとって、自分を安全な場所に置いていた。それは結果的に、生きていくなかでどこか奥歯にものが挟まったような、据《す》わりの悪さを感じてしまうこととなった。そういった苦い経験があったからこそ、今はスイッチを切り替えることができて、頑張ろうと思えている。

「逃げるは恥だが役に立つ」というハンガリーの諺がある。問題と向き合わずに逃げることは、普通に考えれば恥ずかしいことだが、それがかえって最善の解決策になることがある、という意味らしい。

逃げる、何かを回避する、という人生を歩む人は多いのかもしれない。でも、**私は逃げることはやっぱりカッコ悪いと思う。**逃げようとして逃げ切れればいいが、いずれにしても何だかスカッとしないし、自分で自分のことが嫌いになるような生き方になってしまうような気がして仕方がない。

とはいえ私も、すべてにおいて真正面から受け止めるというわけではない。逃げはしないが、「今日はやめておこう」「今は言いたいことをぶつけずに、相手の言い分を聞こう」などとかわすことはある。交渉の場では、必ずしも相手に１００％向き合うことが正しいわけではないからだ。

半ば一方的に押し切って、論破してしまうことが正しい時もあれば、ある程度は相手に思いの丈を吐き出させて、**負のエネルギーを落ち着かせるほうが良い時もある。状況に応じて上手く立ち回ることもまた、好転の秘訣**だ。

ターニングポイントを見逃すな

これまで生きてきたなかでいくつかの転機はあったが、私にとって、とても大きな人生のターニングポイントとなったのが大学時代。本気で夢中になれるウィンドサーフィンというスポーツと出合えたことだ。

よくある話だが、始めた動機は不純で「女の子にモテるかなぁ」。見た目にもカッコいいし、当時はマリンスポーツが流行っていたから、最初はチャラチャラした感じでやっていた。けれども次第に、このスポーツにものすごく魅せられるようになった。

それまでは団体競技しかやってこなかったし、ボーイスカウトも集団として取り組んでいた。それが、**一人の人間として海に向き合う時に、いかにして自然の猛威《もうい》と対峙《たいじ》するのか**を学んだ。

ウィンドサーフィンでボードから落ちることを〝沈《ちん》〟という。大きな波のなかで飛ばされて沈し、ボードと離ればなれになってしまったら、ボードのところまで泳ぎ、海中で立ち泳ぎをしながら風を待って、風力でボードに飛び乗って再び走り出す。沈して、乗って、ということを繰り返し、夢中になって水面を走っていると、気づいたら1時間も海の上にいて、自分の体力が限界にあることを客観的に分かっていない時がある。ブーム（ウィンドサーフィンのハンドル）を握る手はパンパンで、陸に帰る体力が残っていないのだ。

そういう時は海のなかで体力が回復するのを待つしかないが、特に真冬の海では「このまま力尽きて終わってしまうのだろうか」と、一抹《いちまつ》の不安が頭をよぎる。誰もがそういう**怖さを感じているから、無事に陸へ戻った時には、ものすごい達成感に包まれる**。「**生きて帰れた！**」**と安堵する**のだ。

実際に海の上で機材が壊れることもあるし、競技会で一緒に走っていた選手が途中でいなくなってしまい、そのまま陸に上がってこなかったこともある。

漁師に「お前たちは気が狂っているな。そんなことをしてたら死んでしまうぞ！」などと言われながら、私たちは海に入っていた。

仮に自分が限界を迎えた時、陸上にいれば、きっと誰かが駆け寄ってきて助けてくれるはずだ。しかし、一人で出て行った海の上では、そういうわけにはいかない。もしそういう瞬間を迎えることになれば、待っているのは死だ。だから、全力で取り組まなければならないし、準備もしっかりする。

「死ぬかもしれない」というリスクを負いながら何かにチャレンジすると、アドレナリンが出る。何かしらの恐怖と対峙した時こそ、ナチュラルハイになるのだ。格闘技にもそういう一面があって、**必要以上にアドレナリンが出てしまうから、痛みをこらえながらもリング上で闘えるのだろう。**

マリンスポーツ経験者がなかなか海に入ることをやめられないのは、大量のアドレナリンが放出されるからだと思っている。

私自身、またやりたい気持ちはあるが、やれないというのが現実だ。海に入るには用具だけでなく、体力的にも、精神的にも、準備が不可欠。沖に出て行って何かが起きたら、戻ってこられないことを分かっているからこそ、軽い気持ちでやってはならない。

一歩間違えば死と隣り合わせという状況において、ウィンドサーフィンに熱中することで、自分の生き方や価値観は確実に変わっていった。

そもそもマリンスポーツは、楽しむことが最優先のファンスポーツ。そういうなかから学んだことが、今につながっていることは沢山ある。

何より、もっと若い頃、高校生くらいまでは「必死になっている姿はカッコ悪い」と思っていた。けれども、本当は必死になって何かをやるってカッコいいことなんだ、冷めたふりをするのはやめよう、とマリンスポーツを通じて思えるようになった。

一生懸命やることが気持ちいい、自分ができないことを「できない」と認めることは、カッコ悪いことじゃない。そして学ぶために自分自身の成長のために、人に聞いたり教えを乞《こ》うたりすることは決して恥ずかしいことではない、失敗を恐れずにトライすることが大事だ、と確信したのだ。

大学生のうちに、一生懸命になることは実は尊くてカッコいい姿なのだ、と思えるようになってから社会に出たことで、サラリーマンだった頃は、今以上に一生懸命で、夢中になって自分のやりたいことをやっていた気がする。

何事にも真剣に、本気で取り組まない限り、喜びは得られない。

遠慮は悪だ

皆さんは、仕事に従事することをどのように捉えているだろうか。

お金を稼ぐための手段であり、自分の人生の時間を売っているもの？

それとも、自分が求める・求めないにかかわらず、全力で取り組むべきもの？

私は断然、後者だと思っている。**どんな仕事であっても、全力で取り組むことによって必ず見えてくるものがあるし、その仕事を選べる喜びもある。**

「しがないサラリーマンだから」とか「この程度やれば許されるだろう」というように、自分で上限を決めるべきではない。

現状に満足できないのであれば、上司や同僚とも闘わなければならない。私もサラリーマン時代には、上司とずいぶんやり合ったものだ。

当時は、一生懸命仕事をしない先輩の姿が目について仕方なかった。先輩に、「榊原君、ちょっと出かけようよ」と声を掛けられ、てっきり外回りに行くものだと思い、張り切って付いていったら、マンガ喫茶にたどり着いたことが何度もあった。

夏の暑いなかで汗一つかかずに、仕事という仕事もせずに、ただ涼しい場所でコーヒーを飲みながら、時間が過ぎるのを待つ。そして定時が近づくと「そろそろ帰ろうか」と腰を上げる。

私はそれが嫌で仕方がなかった。「なんでこんなことをするんですか？　仕事しましょうよ」と訴えていた。

社用車を使って営業に出ても、年下の私がいつも運転係で、それがさも当たり前であるかのように、後部座席にふんぞりかえるのも、くだらないと思っていた。

なかには「私がやりたいのは、こんなことじゃない！」と、与えられた仕事や置かれた環境を嘆く人もいるかもしれない。

けれども、たとえ自分の望み通りの仕事に就けなかったとしても、働くことの大義名分を立てて、自分のやりたいこと、会社に少なからず貢献できることを見つけることが大切だ。そして、**目の前のタスクを誰よりも効率よく、高いレベルで片づけようと努力すべきだと私は思っている。**

そうすると、案外見ている人はいるもので、ほかの部署の人間が興味を持ってくれたり、評価してくれたりすることで、そこから自分の希望がかなうこともある。全力で取り組むことが、自分の道を開くきっかけになり得るということだ。結局、毎日会社へ来て仕事をするのなら、全力でやったほうがいい。

とかく人間というものは、自分で自分のリミットを決めてしまう。やってみる前から「自分には向いていない」と決めつけることがあるのだ。

そうではなく、目の前にあること、興味のあること、やってみたいと思いながらチャレンジせずにいることがあるのなら、まずはやってみるべきだ。

自分が管理する側になってみると、なおさらそのことがよく分かる。**本気で仕事に向き合っている人は、何か特別なものを放っているという感覚がある。**会社の規模に関係なく、真剣にやっている人と、そうではない人は、すぐに見分けがつくものだ。

私は諦めが悪い男だから、余計にみんなの諦めが良すぎることが不思議で仕方ない。

欲しいものがあるのなら、そこはハングリーに行ってナンボだし、結果を求めるのなら、それなりのアクションを起こす必要があるはずだ。それなのに「え、そんなことで諦めてしまっていいの？」と思うくらいに、諦めが早いのは何故なんだろう。

時折、組織のなかで恐怖政治を敷く上司の存在を悲観する話も聞くが、私にしてみれば**「その上司と闘えばいいじゃないか。思い切りケンカしてこいよ」**という話だ。別に何か言ったからといって、逮捕されるわけでも、命を落とすわけでもないのだ。自分が違うと思うのなら、どうしても納得がいかないのなら、相手が上司とか、先輩とか関係なく、議論したほうがいい。

そうすることが、組織にとっても必ず有益となる。

そして、真っ向からものが言えないのなら、陰でごちゃごちゃ言うべきではない。私は、どんなに若い社員にも「**遠慮は悪だ**」と話している。だから、自分が思っていることははっきりと言うべきだ、と。

ただし、口にする以上は責任も伴う。そしてその点に関しては、常にシビアでいたいと考えている。だからこそ、**相手が私を信頼してくれる以上は、全力で取り組む以外、選択肢はない。**

引き際の美学

プロモーターとしての引き際は、ずっと考えている。

私は２０２３年で60歳になる。今も体力の衰えを感じることはないが、ＰＲＩＤＥを始めた32歳の頃のことを考えると、バイタリティーや野心を持って動いていた当時と今は、やはり違う。組織としてはもっと若返る必要があると思っているのだ。

それはＲＩＺＩＮに限った話ではない。

国や組織のリーダーにしても、40～50代の上にも下にもリーチが利くような年代であるべきで、上に立つ者が地位や名誉、名声に固執しないことが重要だ。

はっきり言って、今の日本の企業のトップの多くは、すぐにでも退任したほうがいい。ましてや、**80代後半や90歳にもなって、代表取締役や会長職に居座り続けることは、正直ナンセンス**だと思う。

私自身は、ＲＩＺＩＮ旗揚げの時に全力で10年は走ろうと思ってスタートした。２０１５年に設立したから、２０２３年の今、猶予はあと2年。それまでに後継者を育てて世代交代する。後継者が私と同世代では意味がなく、もう一つ若い世代へバトンタッチしたい。そうしない限り、日本の格闘技界の未来はないと思っている。

「榊原社長がやめたら大変です。無理ですよ」「ほかに代わりはいませんから」などと言ってくれる人もいるが、そんなわけはない。

実際に、**次世代のリーダーとして有望な若手は育ってきている**と感じる。プレーヤーからプロモーターになっていくのも一つの道だと思うし、格闘技界がビジネスとして広がりを見せることで、いろいろな人たちが関わってくれるようになるものだ。私もビジネスの立ち位置から格闘技界に関わるようになって、今がある。そういう気概のある人はいるから、そこまでの礎《いしずえ》をつくって次のリーダーにスパッと渡したい。

そして世代交代した後は、この世界に関わる気はない。中途半端に関わって、自分のなかにあらぬ野心とか、嫉妬とか、いろいろなものが生まれるのが嫌なのだ。ＰＲ

ＩＤＥをＵＦＣに売却した時も、ＲＩＺＩＮを立ち上げるまでの8年間、格闘技界で何が起こっていたのか、私は知らない。

人はお金だけでは本当の意味で幸せにはなれない。やりがいがあって、自分が情熱を燃やせるものがあるほうが、幸せなのだ。

大金を手にした代わりにすべての仕事をもぎ取られて、「ゆっくりしてください」と言われた59歳より、今の私のほうが幸せだという絶対的な自信がある。

何故なら私にはＲＩＺＩＮがあって、ＲＩＺＩＮを支持してくれるファンがいて、ＲＩＺＩＮのリングに上がりたいと思ってくれる選手たちがいる。社会のなかでも、格闘技界のなかでも必要とされていることが、私が今生きている原動力なのだ。

人生の終焉は、海のきれいな場所で迎えたい。ハワイなら言うことなしだ。

初めてハワイに行ったのは23歳の時。大学4年生で、すでに東海テレビ事業に就職が決まっていた私は、卒論を書き終えると、「就職したら英語が必要になるから」と両親を説得し、祖母をたぶらかして（笑）、ハワイ大学の語学セミナーを受講するという名目で、12月から4カ月間、ウィンドサーフィンに明け暮れた。

州都・ホノルルのあるオアフ島に始まり、ハワイのウィンドサーフィンの聖地であるマウイ島にも行ったし、そのままメインランド（アメリカ合衆国本土）にも足を延ばして、いろいろなところを回った。一人で旅をすることが大事だということを学んだし、現地で沢山の仲間ができたことも貴重な体験だった。

帰国したのは、東海テレビ事業の入社日である4月1日の1週間前。4カ月近くTシャツに短パン、ビーチサンダルで過ごしていたこともあるだろう、心は依然としてハワイにあり、入社して1年ほどはボーッと過ごしていた。ハワイでの日々は、私にとって大事なモラトリアム期だったと振り返って思う。

いずれにしても、**最後の最後に人に迷惑だけはかけたくない**。もし介護を受ける必要があるのなら、ビジネスライクなほうがいいと思っている。家族や親類に面倒を見てもらうのは嫌だし、近年は老老介護が深刻な問題となっているとも聞く。だから第一線から退く時には、せめて施設に入れるだけのお金は残しておくつもりだ。

もし今死んだとしたら、「もう少しやりたかったな」という思いはあるかもしれないが、後悔はない。**還暦を間近にしても、こうして世間にアグレッシブにチャレンジできているのは、とても幸せなことだ**と最近は特に思う。

だからこそ、残りの時間を思う存分楽しみ、走り切るつもりだ。

野心が明日を創る

1994年、東京で流行っているということもあり、興味本位で初めて見た格闘技に魅せられた。当時はテレビ局の人間の端くれだったから、テレビ局のイベントとして実現させ、放送したらどうかと考えた時に、格闘技は事業的にとても魅力的なコンテンツだった。これまでにない新たなチャレンジの可能性を見出したのだ。

この時の**格闘技との出合いが、私の人生を変えた**。

東海テレビ事業の一社員としてPRIDEの興行を手がけていた私だが、2002年4月、ついに退職した。当時、DSEの森下直人社長をはじめ役員の皆さんには以前から「いい加減、PRIDE専属でやってほしい。腹を決めてくれ」と言われていたのも一因にある。

この時、私は森下社長に一つだけわがままを聞いてほしいと言い、東海テレビ事業はやめるけれど、自分で会社をつくりたいと話した。DSEの常務取締役として、基本はPRIDEの業務をやるけれども、PRIDE以外のこともできる余地を残しておきたかったのだ。

森下社長はわがままを受け入れてくれて、私は「株式会社うぼん」を設立した。東京・六本木に小さなオフィスを構え、引き続き、ライブエンターテインメント事業に携わり、それこそ東海テレビ事業から仕事を受ける形で、サラリーマン時代からのフィールドワークになっていた「美浜海遊祭」も続けていた。

しかし、うぼん設立から1年も経たずして森下社長が急逝されたことにより、以降は仕事の軸足の90%を、格闘技に置くこととなった。うぼんは今も健在だが、**RIZIN立ち上げ以降は、100%格闘技に振り切っている。**

格闘技は、ほかのどの競技よりもスポーツビジネスとしてアドバンテージがあると思っている。さすがに当時から気付いていたわけでも、先を見通していたわけでもないが、むしろ時代が格闘技というコンテンツにフィットしてきた感がある。例えばデジタルネイティブのZ世代が重視するタイムパフォーマンスや、スマホと1対1の対人競技との親和性などは、先にも記した通りだ。

日本の相撲や武道などに代表されるように、格闘技自体はもともと世界中に存在するもので、国技として認められているものもある。競技として成立しているだけでなく、スポーツコンテンツとして一つのエンターテインメントにもなるのだ。

特にMMAは、誕生して30年ほどの若いスポーツで、世界的にも、この20〜30年で市場が広がったコンテンツだ。サッカーや野球に比べて歴史が浅い分、ビジネスとしても未完成。それは裏を返せば、まだまだチャンスがあるということでもある。

MMA黎明期に私たちが立ち会えたからこそ、ビジネスチャンスもあったし、これからもまだまだあるだろう。業界内では地殻変動が起こっていて、今後もいろいろな団体が離合集散すると思う。若い人たちには、このビジネスチャンスにぜひチャレンジしてほしい。**チャレンジに必要なのは、ただ一つ。「野心」だ。**

私はPRIDE、RIZINと、ゼロからのスタートながら軌道に乗せることができているのは、大いなる野望を持ってチャレンジしているからだと自負している。

その**野望にみんながロマンや可能性を感じてくれるようなビジョンを置けるかどうかが重要だ。ゼロから1をつくりだしていくところに魅力がなければ意味がない。**

スコット・コーカーいわく、この30年で格闘技界のプロモーターとして名前と実績があるのは5人くらいしかいないという。スコット自身はもちろん、ダナ・ホワイト、そして光栄なことに、私の名前も入っているのだが、そのくらいプロモーター業というのは簡単そうに見えて意外に難しいものでもある。

プロモーター業にはいろいろな能力が求められるが、そのなかでも私が欠かせないと思っているのが、**〝謙虚さ〟と〝忍耐力〟**だ。

謙虚さというのは、「私がプロモーターでございます！」と先頭に立つのではなく、**一歩引いて周りの人をどれだけ立たせられるか、ということ。それでいて、最終責任者として、すべての責任を負うことから逃げないことが求められる。**

また、例えばSNSでも、非難はすべてプロモーターのところへ来る。選手たちの発言に対してももちろん賛否はあるのだが、基本的に選手は守られるし、「是《ぜ》」とされる。「非《ひ》」であり、悪なのはプロモーターなのだ。

そういった風潮に耐える忍耐力も不可欠な要素といっていい。

おわりに

最後まで読んでいただき、ありがとうございます。

私のこれまでの人生のいろいろなシチュエーションでの体験談をお話しすることで、皆さんのこれからの生き方や考え方の参考にしてもらえたなら大変光栄だ。

平凡なサラリーマンの家庭に生まれ、特別な容姿や才能に恵まれたわけではない私が、ここまでどうやって生きてきたかを皆さんへ正直に伝えることで、皆さんが今後の人生を進める上での選択において、等身大の参考モデルにしていただけたら嬉しい。

ここでは、私が皆さんに最後に今一度、伝えたいこと、実践してほしいこと、思考を変えてほしいことをまとめてみることにする。

私は本書の中でたびたび「チャレンジ」という言葉を使っているが、この「チャレンジ」という言葉は「行動する」と読み替えてほしい。

「チャレンジ」＝「行動力」なのだ。

思いを巡らせ、頭の中で空想し、いろいろイメージするだけでなく、それをとにかく行動に移してほしい。なりたい自分、手に入れたい、実現したい目標や夢があるなら、自らスタートラインに立って走り出してほしい。思考を現実に変えるにはとにかく後先考えずに動き出す、一歩を踏み出すしかないのだ。

まずは、がむしゃらに、全力で精一杯チャレンジをしてみる。

とにかく必死にもがくのだ。もがいて、もがいて、それでも諦めずにもがくのだ。やる前からどうなるかなど考えず、夢に向かって自分を信じて、仮に今いる場所が底辺であっても必死にもがき苦しんでみるのだ。汗をかき、ベソをかき、恥をかき、無様で、カッコ悪い自分をさらけ出す覚悟を決めて行動に移してみるのだ。

リングで闘う選手たちは、数万の観客のいる前で「参りました」と自ら負けを宣言しなくてはならないことがある。試合前に散々煽った挙句、無様にKOされ、参ったと降参する姿を大観衆の前で晒さなくてはならないなんて、これほど恥ずかしいことはそうはないだろう。彼らが**恥をかき、無様な姿を晒し、その恥を正面から受け止め、もう一度立ちあがろうとすることこそが、「闘う」ということ**なんだろう。

あなたが自分に妥協せず、夢を諦めず命を燃やして全力のチャレンジを継続することができたなら。

つまり、努力を継続し、夢中になって毎日を送ることができたなら、その時点であなたの夢はすでに叶い始めているのだ。

夢のため、目標のため、すこぶる諦めの悪い人間になって、夢中に自らの人生を生きてほしい。私がこうして自分の人生を振り返ってみると実はそれこそが、夢を叶える唯一の道なのだと思う。

夢を諦めず、日々自らの命を熱く燃やし全力で生きてほしい。

せっかくこの世に生を受け、思いっきり自由に生きる機会を与えられたのだから。

かく言う私も未だ夢の途中である。

2023年7月吉日

榊原信行

榊原 信行（さかきばら のぶゆき）
1963年11月18日、愛知県生まれ。株式会社ドリームファクトリーワールドワイド代表取締役社長。大学卒業後、東海テレビ事業株式会社に入社し、様々なイベントをプロデュース。1997年に「PRIDE.1」を開催し、2007年の売却まで唯一無二の地位を築く。沈黙を経て2015年より、「RIZIN FIGHTING FEDERATION」始動。2022年開催の「THE MATCH 2022」では、那須川天心×武尊戦を実現させ、総売り上げ50億円超を記録。伝説的なマッチメイクを実現させるなど、現在の格闘技シーンを牽引するキーマン。
Twitter/Instagram　@nobu_sakakibara
YouTube　RIZIN FIGHTING FEDERATION Official
HP　jp.rizinff.com

負《ま》ける勇気《ゆうき》を持《も》って勝《か》ちに行《い》け！
雷神《らいじん》の言霊《ことだま》

2023年７月27日　初版発行
2023年９月20日　３版発行

著者／榊原《さかきばら》 信行《のぶゆき》

発行者／山下 直久

発行／株式会社KADOKAWA
〒102-8177　東京都千代田区富士見2-13-3
電話 0570-002-301（ナビダイヤル）

印刷所／凸版印刷株式会社

製本所／凸版印刷株式会社

●お問い合わせ
https://www.kadokawa.co.jp/（「お問い合わせ」へお進みください）
※内容によっては、お答えできない場合があります。
※サポートは日本国内のみとさせていただきます。
※Japanese text only

定価はカバーに表示してあります。

ISBN 978-4-04-606060-0　C0095